필리핀에서 사업히
사람을 위한 필리핀

2023개정판

저자 비티타임즈 편집부

Philippine
Business

㈜ 비티타임즈

<제목 차례>

01. 서론

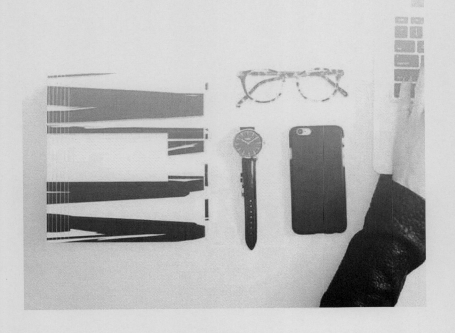

I. 서론

필리핀은 전체 인구 1억이 넘는 국가로, 최근 5년간의 경제 성장률이 6% 후반대를 기록하며, 1인당 GDP 수준도 지속적인 발전을 거듭해가고 있다.

이 같은 경기 호황의 주요 동력으로는 수출확대, 민간소비 활성화, 인구 증가, 인프라 사업 등에 대한 대대적인 정부 투자 등을 꼽을 수 있다. 또한 두테르테 대통령 취임 이후 부패척결, 세수 확대를 위한 경제개혁 추진 결과도 긍정적인 효과를 일부 가져온 것으로 평가된다.

필리핀은 수도 마닐라를 중심으로 각종 거점도시의 개발도 이루어지고 있다. 특히 최근에는 필리핀의 '클락'에 '뉴클락시티'사업이 진행되고 있어 화제가 되었다.

필리핀 정부는 기초변혁개발위원회를 통해 클락 경제자유구역과 주변 인프라건설 및 투자에 6조 1,680억 원 투자를 준비하고 있으며, 이에 따라 일본, 중국, 한국의 대기업들도 토지를 확보하기 위해 뉴클락시티 사업에 투자를 하고 있는 실정이다.

이와 같이 필리핀은 어느새 발전 가능성이 높은 국가로 거듭나고 있으며, 이에 따라 필리핀에서 사업을 하고자 하는 사람들도 생겨나고 있다. 하지만 외국에서 사업을 한다는 것은 그 나라의 특성과 시장 상황을 자세히 알지 못하면 굉장히 위험한 도전이 될 수 있기 때문에 이와 같은 내용을 숙지할 필요가 있다.

따라서 이 책에서는 필리핀에 대한 기본정보부터 시작하여, 필리핀의 산업 동향, 필리핀 내에 진출해 있는 한국 기업들의 현황, 필리핀에서 사업하기 위해 숙지해야 할 시장 특성과 트렌드들을 전체적으로 살펴보고자 한다.

02. 필리핀의 지리 정보

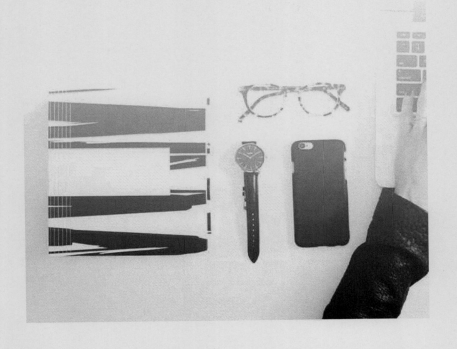

II. 필리핀의 지리 정보

1. 필리핀의 지리

그림 3 필리핀 국기

필리핀은 적도에서 약간 북쪽에 위치하고 있으며, 아시아 대륙 남동쪽의 서태평양에 있는 7000여 개의 섬들로 구성된 나라이다. 1565년부터 에스파냐가 정복하였고, 1898년 독립을 선언하였으나 에스파냐-미국 전쟁으로 미국의 지배를 받게 되었다. 1943년 일본 점령을 거쳐 1945년 미국군이 탈환한 후 독립하였다.[1]

---

1) 필리핀/두산백과

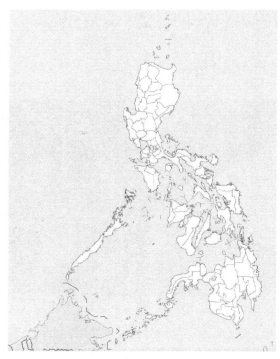

그림 4 필리핀의 지도

7000여개의 섬은 크게 루손 섬, 비사야 제도, 민다나오 섬의 세 지역으로 나뉜다. 수도는 마닐라이며, 주요 도시로는 다바오, 케손시티, 세부 등이 있다. 환태평양 조산대에 위치하고 있으며, 이 이유로서 필리핀은 지진과 화산이 많이 일어나는 지역이다. 북쪽의 루손 해협 건너편에는 타이완, 서쪽의 남중국해 건너편에는 베트남이 있으며, 남서쪽에 위치한 보르네오

2) By NordNordWest
https://commons.wikimedia.org/w/index.php?curid=6867206

섬 사이에는 술루 해가 있다. 남쪽의 술라웨시 해의 건너편에는 인도네시아의 섬들이 있고, 동쪽에는 필리핀 해가 있다. 다음은 필리핀 지리정보를 표로 정리하였다.[3]

구분	내용
위치	동남아시아, 베트남의 동쪽
경위도	동경 122°00', 북위 13°00'
면적	300000(km²)
해안선	36289(km)
시간대	PST (UTC+8)
수도	마닐라(Manila)
내수면 비율	0.6%

필리핀은 섬 특성상 해안지형, 산지 때문에 1억 이상의 인구에 비해 활용할 수 있는 경작지가 부족하다. 섬들의 지형은 대체로 산이 많으며, 평야는 해안에 접한 저지대를 흐르는 하

---

3) 필리핀의 지리/위키백과

천 유역에 한정되어 있어서 농경지는 별로 없다. 가끔 발견되는 농경지는 거의 계단식 형태이다.

그림 5 필리핀의 계단식 논

또한, 필리핀은 화산 발생으로 인하여 아름다운 산과 호수가 많다. 특히 이 나라 최대의 섬인 루손 섬의 마욘 산은 원뿔형의 활화산으로 무척 아름답다. 루손 섬과 민다나오 섬의 면적이 전 국토의 70%를 차지한다.

2. 필리핀의 기후

필리핀의 기후는 열대성이며 몬순[4]과 태풍의 영향을 많이 받는다. 고온 다습한 열대 사바나성 기후로, 연평균 기온은 27도이다. 몬순은 6월부터 10월까지는 남서에서, 11월부터 3월 말까지는 북동에서 불어온다. 태풍은 7월에서 10월까지의 시기에 내습하는데 특히 루손 섬은 매년 태풍의 통로가 되고 있다. 또한 지진, 화산 분화 등 자연재해도 빈번히 발생한다.

필리핀의 기후는 시기별로 구분할 수 있는데, 1년 중 12월부터 4월까지는 건기, 5월부터 11월까지는 우기로 분류된다. 군도의 동쪽과 서쪽에서는 건기와 우기가 서로 엇갈리기도 한다.[5] 다음은 필리핀의 기후를 시기별로 자세히 구분한 표이다.

시기	내용
12~2월	이 시기는 겨울로, 건기에 해당하며 비교적 기온이 낮고 비도 적다. 이런 경향은 마닐라를 포함한 루손 섬 북서부에서 나타난다. 하지만, 건기라 해도 태평양 동해안에서는 큰 비가 내리기도 한다.
3~5월	이 시기도 건기에 해당하며, 다른 나라에 비해 여름이

---

4) 몬순: 계절풍, 1년 동안 계절에 따라 바뀌는 바람을 말한다.
5) 필리핀의 기후/위키백과

	빨리 시작된다. 5월 무더위의 낮 온도는 35~40도까지 오르기도 한다. 밤에도 기온은 아직 남아있어서 대개 25도 정도이다. 하지만, 아직 건기이기 때문에 더워지진 않다.
6~12월	이 시기는 우기로 구분된다. 하지만, 최근엔 기상이변으로 우기의 시작이 늦어지고 있다. 1983년에는 7월 중순까지 건기가 계속되기도 했다. 우기는 11월까지 계속되어서 이로 말미암아 비사야 제도 지방, 민다나오 섬 북동부, 루손 섬 동해안에서는 매년 태풍에 의해 큰 피해가 발생하고 있다.

한편, 필리핀의 기후를 동부와 서부로 나누어서 살펴보면, 동부의 경우 오히려 5-11월이 비가 덜 오는 편이다. 가령 수리가오(Surigao) 시의 경우 필리핀 서부에서는 건기인 12-4월 기간 동안에 연강수량의 60% 가량이 집중되어 있다. 그리고 다바오나 세부 등지를 위시한 중간 지역은 우기와 건기가 덜 뚜렷하게 나타나는 편으로, 필리핀 서부처럼 그래도 5월부터 11까지 우기가 나타나는 지역이나, 우기가 뚜렷하게 나타나지 않는 지역으로 다시 나누기도 한다. 한편 고도차에 따라서도 기후가 약간 다른데, 바기오처럼 고도가 높은 지역은 온대기후가 나타난다.

서부의 경우는 앞서 말했듯 12월부터 4월까지의 건기와 5월부터 11월까지의 우기가 특징이다. 가령 마닐라의 경우 연강

수량이 2,025mm인데, 이 중 94%의 강수량이 우기 동안에 집중된다.[6]

다음은 주요 지역별 연평균 기온과 강우량 및 강우일 정보다.[7]

구분	필리핀 평균	루손섬	비사야	민다나오
최고 기온	33.0	33.0	33.3	33.7
최저 기온	21.3	21.0	21.6	21.1

표 3 지역별 연평균 기온(섭씨기준)

구분	필리핀 평균	루손섬	비사야	민다나오
총 강우량	36.284	11.823	12.454	12.007
총 강우일	137	147	132	132

표 4 지역별 강우량 및 강우일(단위:mm)

---

6) 필리핀의 기후/나무위키
7) 필리핀 출장 시 유의 및 참고사항/kotra 국가정보 필리핀

03. 필리핀의 주요도시

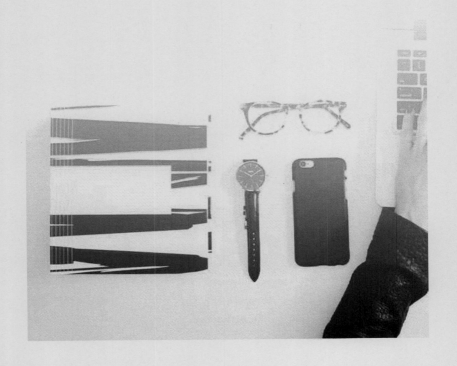

III. 필리핀의 주요도시

1. 마닐라

그림 7 마닐라

8)

마닐라는 필리핀의 수도로, 세계에서 가장 좋은 항만으로 일컬어지는 항구도시이다. 루손 섬 남서부에 있는 필리핀의 수도로 면적은 약 38.55㎢정도이며, 시간대는 UTC+8, 인구는 2020년 기준 1,348,000명[9]이다. 시가지는 파시그강을 끼고

---

8) Eugene Alvin Villar (seav)
9) 필리핀 통계청 (2020 census of population and housing)

남북으로 펼쳐진다. 북쪽에 비옥한 중부 루손 평야를, 남쪽에 남부 루손의 화산성 저지를 끼고 있다.

마닐라는 수출용 농작물, 즉 코코넛·마닐라삼·사탕수수·잎담배 등을 모아 정제·가공한 뒤 수출하는 가공업이 발달하여서 코코야자유 제조·제당·정미(精米) 등을 비롯하여 면직물·양조·고무·레더·담배·페인트 등 제조공업이 활성화 되어있다. 이는 무려 필리핀 공업생산의 절반이상, 53%를 차지하고 있다.[10]

마닐라의 역사는 스페인의 식민지배 시절로 거슬러 올라간다. 이때부터 본격적으로 식민통치의 중심지로 떠올랐다. 마닐라를 처음 건설한 사람은 레가스피였으며, 1571년부터 스페인에 의해 마닐라가 수도로 선언되었다. 스페인의 필리핀 총독 역시 마닐라에 머물렀다. 미국이 스페인을 몰아내고 필리핀을 통치하던 시기에도 마닐라는 필리핀 제일의 도시로, 통치의 중심지가 되었다.

하지만 일본의 침공으로 인한 태평양 전쟁을 겪으면서 많은 피해를 입게 되어 완전한 잿더미가 되고 말았다. 이 시기에 일본과 미군사이의 쟁탈전으로 인해 마닐라의 귀중한 자산에 많은 피해를 입게 되었다.[11]

---

10) 마닐라/두산백과
11) 마닐라/나무위키

1) 마카티

그림 8 마카티

12)

마카티(City of Makati)는 마닐라의 수도권에 위치한 도시로, 필리핀 최대의 상업, 금융, 비즈니스 시티이다. 면적은 27.36 ㎢이며, 시간대는 UTC+8, 인구는 2007년 기준으로 약 510,383명이다. 북동쪽으로 만달루용, 서쪽으로 파사이, 남동 쪽으로 타기그와 경계를 이루며, 수도 마닐라의 남동쪽에 위

12) Mike Gonzalez (TheCoffee)

치한다.[13)]

1950년대 중반까지는 한산한 교외였으나, 그 후 상업·비즈니스가와 주택가로 발달하면서 **필리핀 경제의 중심지로 성장했으며 아시아의 재정과 경제, 상업의 중심지 가운데 하나로 여겨지고 있다.**

마카티 애비뉴 북쪽 400m 정도에는 한인 타운이 자리하고 있다. 인근에 한국 대사관과 한국 교민들의 거주지, 한국 식당, 슈퍼마켓, 가라오케 등 한국 관련 숍들이 많다.

한편, 마카티 시티에 **필리핀과 중국의 공동 지하철 건설사업** 소식이 전해져 화제가 되고 있다. 필리핀 부동산 개발사 인프라데브 홀딩스(Infradev Holdings, 이전 IRC Properties)와 중국토목공정그룹(CCECC)이 손을 잡은 것이다.

이 사업은 마카티 시내의 수도권 철도(MRT) 3호선과 파시그강 페리 터미널, 수도권 지하철 사업의 건설 예정 역 등과 연결시키는 총연장 10km의 지하터널과 10개의 역사를 건설하는 공사로 PPP방식으로 추진될 예정이다. 또한 2018년 12월 착공을 시작했으며, 2025년 준공을 목표로 하고 있다. 준공 시 하루 70만명의 승객이 이용할 것으로 예상되며, 아얄라 센터

---

13) 마카티/두산백과

와 시청, 마카티 대학 등 시내 주요 지역 간 이동이 원활해질
것으로 전망된다.[14)

마카티가 필리핀의 상업 중심가로 발전한 만큼, 많은 랜드마
크들이 있는데 다음에서 대표적인 곳을 몇 가지 살펴보고자
한다.

(1) 아얄라박물관[15)

그림 9 아얄라 박물관

14) [글로벌-Biz 24] 마닐라 쇼핑 중심지 '마카티' 지하철 건설에 중국 기업
    투자/글로벌이코노믹
15) Glenn G from San Francisco, USA - Ayala Museum

첫 번째 마카티의 랜드마크로 손꼽을 수 있는 곳은 **아얄라 박물관(Ayala Museum)**이다. 필리핀의 재벌 아얄라 재단이 만든 박물관으로, 총 4층으로 구성되어 있으며 2층을 제외한 3,4층에 정기적으로 전시물을 바꾸어가며 운영하고 있다. 아티스트의 미술품이나 필리핀의 식민 역사를 다루는 내용을 전시하기도 한다. 친환경적인 분위기의 그린벨트와 이어져 있고, 내부는 쾌적하고 깔끔한 인테리어로 되어 있다.

(2) 그린벨트

이어 두 번째로는 아얄라 거리에 있는 쇼핑몰 **'마닐라 그린벨트(Manila Green Belt)'**를 꼽을 수 있다. 마닐라 그린벨트는 쇼핑몰이지만, 자연친화적인 외관을 연출하고 있어서 녹색지대 공원 같은 느낌을 준다.

이곳에는 쇼핑센터, 식당가, 카페, 공원 등이 한데 모여 있다. 합리적인 가격의 브랜드부터 고급 브랜드까지 다양한 매장이 들어서 있으며, 쇼핑을 즐긴 후에는 그린벨트 안에 자리한 카페나 바, 혹은 레스토랑을 찾아도 좋고, 시원하게 트인 야외 정원에서 시간을 보내도 좋다.[16]

---

16) 마닐라 그린벨트/저스트고 관광지

(3) 글로리에타[17]

그림 10 글로리에타

글로리에타도 마카티에서 규모가 큰 쇼핑몰이다. 주변에 그린벨트, 랜드마크 등 큰 쇼핑몰이 함께 위치하고 있지만, 그 중에서도 단연 대표적이라고 할 정도로 규모가 크다. 가운데 공터를 중심으로 4개의 건물로 구성되어 있으며 하루에 다 돌아보기가 벅찰 정도로 넓다고 한다. 쇼핑센터 안에는 영화관과 패스트 푸드점, 레스토랑이 함께 있으며 상점이 품목별로 구분되어 있지는 않다.[18]

---

17) Timothy2170 - Captured photo at opening

2) 케손시티[19]

그림 11 케손시티

케손시티는 **필리핀의 수도 메트로 마닐라의 도시들 중 가장 큰 인구 규모와 지리적 범위를 차지하는 도시**이다. 필리핀 국회, 국책 은행, 주요 정부 청사가 위치하고 있다. 면적은 166.2km²이며, 시간대는 UTC+8, 인구수는 2015년 기준으로 약 2,936,000명이다. 위치는 마닐라의 북동쪽에 접하고 있으며, 명칭은 초대 대통령 M.L.케손(1878~1944)의 이름에서 따온 것이다.[20]

---

18) 마닐라 글로리에타/저스트 고 관광지
19) https://commons.wikimedia.org/w/index.php?curid=304655

케손시티에는 **많은 관공서와 주요시설, 교육기관이 입주해** 있다. 하원 국회의사당(Batasang Pambansa Complex)과 부통령 관저인 케손시티 리셉션 하우스가 있으며, 교육기관으로는 필리핀 최고의 명문으로 꼽히는 모든 대학과 고등학교들이 위치한다.

필리핀 과학고등학교, 아테네오 대학교 부설 고등학교, 필리핀 국립대학교 부설 고등학교, 미리암 여자고등학교부터, 필리핀 학부모들의 선망의 대상인, 필리핀 국립 대학교의 본교인 딜리만 캠퍼스, 아테네오 대학교의 본교인 마닐라 캠퍼스, 미리암 여자 대학교의 카티푸난 캠퍼스까지 있다.

케손시티는 이와 같은 뛰어난 교육 여건과 치안 환경 때문에 현지인들은 물론, 세계 각지에서 찾아오는 곳으로 유명하다. 따라서 유학생들이 밀집해 있는 곳이기도 하다. 한국인, 중국인, 일본인은 가장 많은 유학생 비율을 차지하고 있다.[21]

주요 볼거리는 커먼웰스 마켓(commonwealth market), SM 시티, 라 메사 에코 파크(La Mesa Ecopark), EDSA 성지 (EDSA Shrine)가 있다.[22]

---

20) 케손시티/두산백과
21) 케손시티/위키백과
22) 케손시티/나무위키

2. 바기오[23]

그림 12 바기오

바기오(Baguio)는 필리핀 루손 섬 코르디예라 행정구 벵게트 주에 있는 도시이다. 면적은 57.5㎢이며, 시간대는 UTC+8, 인구수는 2020년 기준 약 366,358명이다. 바기오는 마닐라에서 북서쪽으로 250km 떨어진 해발고도 1,500m의 고원이 있다. 연평균기온이 17.9℃에 지나지 않아서 20세기 초부터 피서지로 각광받기 시작하였다. 제2차 세계대전 전에는 여름철에 정부기관이 이곳으로 옮겨져 **'여름의 수도'**라고 불리기도

23) By Mike Gonzalez (TheCoffee)
https://commons.wikimedia.org/w/index.php?curid=383785

한다.24)

한편, 바기오도 교육도시로 유명하다. 필리핀 국립대학교(UP), 필리핀 사관학교, 바기오 대학교, 세인트 루이스 등의 대학교가 있으며, 한국 학생들이 어학연수지로 많이 찾는 곳이다.

전체적인 기후는 약간의 고산기후가 나타나는 열대기후로, 우기와 건기로 나뉜다. 건기는 건조하지만 따뜻한 날씨가 계속되고, 우기에는 아침과 새벽에 추운편이고 낮에는 따뜻하며 비는 보통 일주일에 5~7번 정도 온다고 한다.

금, 은 광산이 많아서 실버샵이 많이 있고, 아그노강 상류에 있는 수력발전소가 마닐라 공업화에 큰 몫을 하고 있다.25)

---

24) 바기오/두산백과
25) 바기오/나무위키

3. 세부[26]

그림 13 세부

세부(Cebu City)는 필리핀 중부 세부 주에 있는 도시이다. 세부 주의 주도이며, 비사야 제도의 중심지이다. 필리핀은 주 섬과 주변 섬 167개로 구성되어 있다. 또한 필리핀에서 가장 발달한 지방 중 하나로 비즈니스, 관광, 해운, 가구 제조, 중공업의 중심지이다. 막탄 섬에 위치한 막탄-세부 국제공항은 필리핀에서 두 번째로 붐비는 공항이다.[27] 면적은 291.2㎢정

26) By Mike Gonzalez (TheCoffee)
  https://commons.wikimedia.org/w/index.php?curid=246834

도 이며, 시간대는 UTC+8, 인구수는 2015년 기준으로 약 920,000여 명이다. 필리핀의 여러 도시 중 가장 역사적인 곳으로 꼽히며 1565년 레가스피가 이곳을 기지로 필리핀을 식민지화하였다.[28]

세부는 필리핀의 가장 발달한 지방 중 하나로 비즈니스, 관광, 해운, 가구 제조, 중공업의 중심지이다. 필리핀에서 5번째로 인구가 많은 도시이며 **메트로 세부 도시권은 메트로 마닐라 다음으로 인구가 밀집되어 있다.**

기후는 비교적 온화하며 연중 23~33℃로 건기와 우기가 명확하게 나뉘어 있지 않다. 1년 중에서 1월이 가장 춥고, 5월이 가장 덥다. 하지만 새벽에 한 시간 정도 내리는 소나기는 건조한 날씨를 식혀주는데 좋다. 6시 무렵이면 해가 지고 깜깜해진다.[29]

---

27) https://blog.naver.com/withme2010/222075183731
28) 세부/두산백과
29) 세부/위키백과

4. 다바오[30)]

그림 14 다바오

다바오는 필리핀의 민다나오섬 남동부에 있는 도시이다. 면적
은 2444㎢이며, 시간대는 UTC+8, 인구수는 2020년 기준으로
약 1,776,949명이다.

필리핀에서 3번째로 큰 도시이며 **한국인이 가장 많이 거주하
고 있는 곳**이기도 하다. 다바오가 필리핀에서 대표적으로 깨
끗한 도시로 주목받고 있는 이유는 금연을 지향하기 때문이
다. 이는 두테르테 시장(현 대통령)이 도시의 안정되고 깨끗한
이미지를 위해 상당한 공권력을 발휘했기 때문이기도 하다.[31)]

---

30) Mike Gonzalez (TheCoffee)

다바오는 다바오강 하구에 위치한 작은 마을이었지만, 20세기에 들어서면서 아바카 농원개발에 힘입어 급속히 발전하였다. 1914년 다바오주(州)의 주도가 되었고, 1936년 주변의 농촌지역을 포함한 특별시로 지정되면서 국내외 선박의 기항지로 성황을 이루기 시작하였다.[32] 강수량과 일조량이 풍부하여 바나나, 파인애플, 두리안, 망고 등의 각종 열대 과일과 커피 재배, 그리고 제재업 등이 활발하며, 동쪽에서는 철광이 생산되고 있다. 한편 다바오는 제2차 세계대전 당시 일본군에게 점령되어 해군기지로 사용되기도 하였다.

다바오의 볼거리를 꼽자면, 먼저, 필리핀의 최고봉인 아포산이 다바오시 인근에 위치하고 있다는 것이다. 또한 교육시설로는 필리핀 메트로 마닐라 퀘존시에 본교를 둔 University of the Philippines(UP)의 지역분교가 위치하고 있으며, 아테네오 데 다바오 대학도 있다.

한편, 대한민국의 한진건설이 시공한 프란시스코 방고이 국제공항이 2003년에 완공되어 인근 주변 국가인 싱가포르, 인도네시아 등의 교통로로도 이용되고 있다.[33]

---

31) 다바오/나무위키
32) 다바오/두산백과
33) 다바오/위키백과

5. 일로일로[34)]

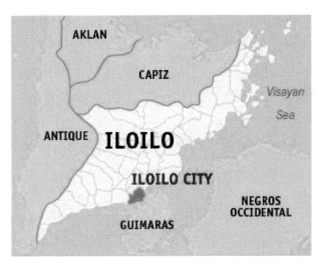

그림 15 일로일로

일로일로는 파나이섬 남안에 위치하고 있으며, 해협을 사이에
두고 기마라스섬을 바라보는 **필리핀 제5의 도시**이다. 면적은
78.34㎢이며 시간대는 UTC+8 , 인구 수는 2015년 기준으로
약 447,992명이다. 또한 서바야시 지방의 행정 중심지 역할을
겸하고 있다.[35)]

16~17세기에 모로족(族)의 침입으로 황폐화되었으나 1885년
무역항이 된 후 급속히 발전하였다. 현재는 마닐라에 버금가

---

34) Mike Gonzalez (TheCoffee)
35) 일로일로/ 위키백과

는 상업도시로 쌀·고구마·목재·코프라·사탕·당밀의 거래가 활
발하며 근교에서는 수직(手織)의 섬유공업도 활발하다.36)

일로일로는 교육의 도시로 불리기도 한다. U.P Visayas,
Central Philippines University, University of San
Agustin, St. Paul University, West Visayas University,
University of Iloilo 등 크지 않은 도시에 종합대학
(University)이 다수 있으며, 단과대학(College)도 여럿 있다.
U.P Visayas의 경우 민다나오와 팔라완 지역에서도 유학을
온다고 한다.37)

한편, 일로일로의 주요 교통시설로는 **일로일로 국제공항**이 있
다. 카바투안 공항(Cabatuan Airport)으로도 불리며, 일로일
로 도심에서 북서쪽으로 약 18km 거리에 위치한다. 2004년
4월 공항 건설 공사에 착공하여 2007년 6월 14일 개항했으
며, 1937년 설립된 지역 구공항인 만두리아오 공항
(Mandurriao Airport)을 대체하게 되었다. 공항 코드는
ILO(IATA), RPVI(ICAO)이다.38)

---

36) 일로일로/두산백과
37) 일로일로/나무위키
38) 일로일로 국제공항/두산백과

6. 수빅

그림 16 수빅 만(Subic Bay)

수빅은 필리핀 북부 삼발레스 주 남부의 항구 도시로, 루손 섬 남서부 마닐라 서북 서쪽에 위치하며, 자유무역항이자 경제특별구역이다. 인구는 약 3만명이며 양항(良港)으로 쌀·사탕수수를 수출하고 있다. 1901년 미 해군 기지가 설치됐다가 92년 반환되었으며, 제2차 세계대전 때엔 일본군이 점령했다.39)

---

39) 수비크/세계인문지리사전

수빅만은 남중국해의 연장이며, 이전에는 수빅만 미국 해군기지라고 이름 붙었던 미국 해군의 시설들이 있었지만, 현재는 수빅만 메트로폴리탄 자치구에서 관할하는 수빅만 자유항 존이라고 이름 붙은 산업과 상업 지역이 되었다.[40]

과거 미군 해군기지였던 이유로 외국인이 많이 거주하는 지역이며 공기가 깨끗한 편이다.

1) 수빅경제특별구역

수빅경제특별구역은 필리핀 루손섬에 위치한 필리핀 정부 관리지역으로, 명칭은 Subic Bay Freeport Zone(수빅 자유무역항:SBFZ)과 Special Economic Zone(경제특별구역)을 합쳐서 Subic Bay Metropolitan authority(SBMA)로 통칭하고 있다.

1992년 미해군에서 반환된 지역으로, 수빅만 남쪽지역에 실제로 미해군이 사용하던 건물들을 그대로 사용하고 있으며, 건축된 연한이 최소 25년이 지났음에도 건물들의 상태가 매우 좋다. 이 지역은 몇몇 호텔과 한국인 어학원들이 있으며, 생태보호구역으로 지정되어 있다. 수빅만 남쪽에 군사용 활주로

---

40) 수빅만/위키백과

도 있으나 지금은 쓰지 않고 있다.[41)

7. 바콜로드[42)

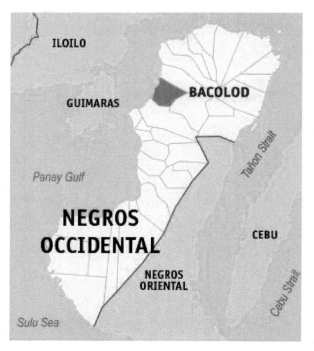

그림 17 바콜로드

41) 수빅경제특별구역/나무위키
42) Mike Gonzalez (TheCoffee)

바콜로드는 필리핀의 네그로스섬 북서쪽 해안 평원에 위치하고 있으며, **필리핀 최대의 설탕 생산지**이다. 면적은 161.5㎢이며 시간대는 UTC+8, 인구 수는 2010년 기준으로 약 511,820명이다.

바콜로드는 매그선에이 강 유역의 작은 촌락이었다. 1565년부터 스페인이 필리핀을 지배하기 시작했으며, 1787년 술루 술탄국의 공격을 받고 도시를 해안선 쪽에서 멀리 떨어진 곳으로 옮기게 되었다. 1894년에는 네그로스 주의 주도가 바콜로드로 이전되었다. 1899년 3월 미군에 의해 점령되었으며, 1942년 5월 21일 일본군에 의해 점령되었다가 1945년 5월 29일에 다시 미군에 의해서 해방되었다.[43]

바콜로드는 20세기 초부터의 근대적 제당업 활동과 더불어 급속히 발전하면서 비사얀 제도에서는 세부·일로일로시티 다음으로 큰 도시가 되었다. 시내에는 제당업 관계회사의 근대적 빌딩과 사탕수수 농원주의 호화로운 대저택이 늘어서 있다.[44]

명소로는 산세바스챤 성당, New government center, SM 씨티 바콜로드 등이 있다.

---

[43] 바콜로드/위키백과
[44] 바콜로드/두산백과

또한 현재 **필리핀에서 IT산업과 비즈니스 프로세스 아웃소싱 산업(BPO)이 빠르게 발전하고 있는데, 바콜로드가 이러한 산업의 중심지로** 손꼽히기도 한다. 이는 바콜로드가 필리핀 과학기술부로부터 정보통신기술국의 후보지로 추천받았으며, 비사야 제도 지역의 비즈니스 프로세스 협회의 최적지로도 추천받은 바 있기 때문이다.

대표적인 교육기관으로는 세인트 라 살 대학, 서네그로스 대학, 바콜로드 시립대학, AMA 컴퓨터 대학 - 바콜로드 캠퍼스, 바콜로드 크리스티안 센터, 칼로스 힐라도 메모리얼 주립대학, 콜레히오 샌 아구스틴, 욘 B. 랙슨 콜리지스 파운데이션, 라 컨솔라시온 대학, 리버사이드 대학, 성모마리아 머시대학, STI 대학 - 바콜로드 캠퍼스, VMA 글로벌 대학 등이 있다.

대표적인 교통편으로는 바콜로드 실라이 국제공항이 있다.[45]

---

45) Paolobon140 - 자작

그림 18 바콜로드 실라이 국제공항

8. 앙헬레스[46)

그림 19 앙헬레스

앙헬레스는 필리핀의 **센트럴 루손 지방(Central Luzon,
Region III) 팜팡가 주에 속한 도시**이다. 면적은 60.27㎢이며,
시간대는 UTC+8, 인구는 2015년 기준 약 411,634명이다. 행
정구역은 33개 바랑가이(barangay)로 나뉘며, 연평균 기온은
26.8℃, 연평균 강수량은 2,395mm이다.

---

46) Mike Gonzalez (TheCoffee)

앙헬레스에는 과거 미군의 클라크 공군 기지가 있었지만 1991년 12월 중심지에서 약 26km 거리에 있는 피나투보산 (Mt. Pinatubo)의 화산폭발로 약 800명이 사망하는 사건으로 인하여 폐쇄되었고, 필리핀 정부로 반환되었다. 현재는 클라크 경제 특별구가 들어서 있다.[47]

한편, 앙헬레스는 마닐라, 세부와 함께 3대 유흥의 도시로 유명하기도 하다.[48] 과거 베트남 전쟁 때 클라크에 위치한 공군 기지에서 활동한 미군들을 위해 생겨난 사창가가 이후에도 계속 성행해 매춘업이 암암리에 성행 중이기 때문이다. 이 때 찾아온 미국인이 베트남에 정착해 미국인이 경영하는 학원이 많아져 어학연수가 호황을 이뤘다.

따라서 앙헬레스는 어학연수로 유명한 도시이다. 한국인, 중국인, 대만인, 일본인, 베트남인 등이 어학연수지로 많이 찾고 있다. 이 지역에는 연간학비 1인당 300만원 선의 영어를 사용하는 로컬사립학교와 국제학교들이 있다. 그러나 사창가가 성행하고 웬만한 사람들이 여행지로 잘 찾지 않는다는 점을 명시하길 바란다.

---

47) 앙헬레스/두산백과
48) 앙헬레스/나무위키

9. 클락

클락은 필리핀의 북부 루손 섬에 위치한 도시이며, 미합중국 공군 주둔 지역이었다가 반환되었다. 기후는 열대성으로 11월~5월은 건기, 6월~10월은 우기이며, 고산지대에 속한 클락은 필리핀 내에서 서늘한 기후를 가진 지역에 속한다. 대표적인 볼거리로는 2월에 열리는 '열기구 축제'가 있다. 아시아 최대 규모의 열기구 축제로, 세계 각국의 다양한 열기구를 볼 수 있는 기회다. 한편, 클락 필즈 애비뉴 사이에는 코리아타운이 형성되어 있다.[49]

1) 뉴클락시티[50]

클락은 필리핀 루손 섬 내 1위 관광지로 주목받아왔으며, 현재는 클락 특별 경제 구역으로 지정되어 **'뉴클락시티'**가 개발되고 있는 중이다.

뉴클락시티는 9450ha면적에 달하는 신도시로, 탈락(Tarlac), 카파스(Capas)에 위치하며 주거, 상업, 농업 및 정보기술개발 등이 총망라된 **현대적인 친환경 스마트 도시**를 지향한다. 또

---

49) 클락/저스트고 도시별 여행정보
50) New clark city https://www.facebook.com/NewClarkCity/

한 요코하마타이어, STS 반도체 등 823개 기업체(2015년 기준)가 들어서 있으며 각종 상권이 발달하였다. 2015년 3월, 필리핀 의회가 뉴클락시티 개발을 위한 하원 결의안을 승인하면서 2016년 4월 11일 착공되었다.

그림 20 New clark city

뉴클락시티는 필리핀 국영기관 기초변혁개발위원회가 기획하였으며, 향후 필리핀 핵심 상업지구 '마카티'와 경쟁할 수 있는 신흥 상업지구로 떠오를 것으로 보고 있다.

분당의 6배 규모로 개발되는 이 신도시는 12만 명의 주민과 80만 명의 직원이 상주하는 도시로, 한국의 송도 신도시와 세종시를 롤 모델로 계획되었다고 한다.

또한 2020년에는 클락공항이 확장 개발 될 예정이므로 향후 연간 이용객은 약 800만명을 웃돌 전망이며, 마닐라 금융기관 이전, 싱가폴 국제학교 등이 들어설 예정이어서 전반적인 인프라도 더욱 확장될 것으로 보인다.

구체적인 뉴클락시티 교통 인프라 프로젝트 내용은 다음과 같다.

주최기관	프로젝트명	세부내용
BCDA	New Clark City Road	- New Clark City-Clark International Airport 연결 도로 및 'New Clark City-Subic-Clark-Tarlac Express way(SCTEX)'를 연결하는 주요 도로 2개 포함 - 2019년 3분기 완공 예상
BCDA, DOTr	Clark International Airport	- New Clark City-Clark International Airport 연결 도로 및 'New Clark City-Subic-Clark-Tarlac Express way(SCTEX)'를 연결하는 주요 도로 2개를 포함 - 2019년 3분기 완공 예상
DOTr	PNR Manila to	- PNR North 2 프로젝트는

		마닐라 투툴반-마롤로스를 거 쳐 팜팡가-클락에 이르는 철도공사임 - 10년간의 중재 끝에 공식적으로 중국 China National Macinery Industry CorpSinomach)와 계약 완료 - 마닐라에서 클락까지 1시간 소요 예상 - 2017년 말 착공, 2018년 초 완공
	Clark Railway	

표 5 뉴클락시티 교통인프라 프로젝트(출처:DOTr Website)

필리핀 정부는 기초변혁개발위원회를 통해 클락 경제자유구역과 주변 인프라건설 및 투자에 6조1,680억원 투자를 준비하고 있으며, 루존 중부 시민들이 수혜를 입을 전망이라고 밝혔다.

또한 인프라프로젝트 건설에만 3조5,900억 원 규모의 자금이 소요된다고 덧붙였다. 클락 국제공항 신규 터미널 건설 1단계에 2,568억 원, 수빅~클락 화물열차에 1조1,760억 원, 마닐라~클락 철도 1단계 2조1,588억 원 등이 투자될 것으로 추정된다. 기타 프로젝트에는 2조5,206억 원이 투자될 전망이며,

뉴클락시티에는 정부센터, 핵심상업지구, 교육지구, 농림연구개발지구, 건강·생태관광지구 등이 들어설 계획이다.[51]

이에 따라 일본, 중국의 대기업들이 토지를 확보하기 위해 주력하고 있으며 한국에서도 뉴클락시티에 대규모 투자를 진행하고 있다.[52]

---

51) 필리핀의 맨하탄, 뉴클락시티 건설 6조원 투자/엔지니어링 데일리
52) 클락에 부는 부동산 순풍, '뉴클락시티' 개발로 해외 및 국내 투자자 '집중'/중앙일보

04. 필리핀의 생활 정보

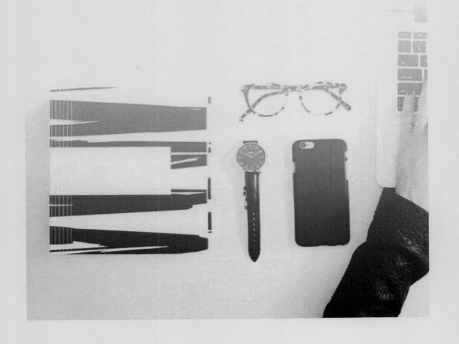

IV. 필리핀의 생활 정보

1. 필리핀의 언어

필리핀은 **타갈로그어와 영어를 공용어**로 사용한다. 타갈로그어란, 필리핀 마닐라를 중심으로 하는 루손 섬 중부, 민다나오 섬, 비사얀 섬 등에 분포하는 타갈로그 족의 언어이며, 필리핀 전 인구의 약 25%에 해당하는 2600만여 명이 모국어로 사용하고 있다.

또한 타갈로그어는 말레이폴리네시아어족의 인도네시아어파에 속하지만 16세기 이후의 에스파냐·미국에 의한 식민통치의 결과로 에스파냐어나 영어의 차용어가 많다. 음운구조는 비교적 간단하여 모음은 3개이고 문법적으로는 각종 접사의 발달이 현저하다. 문자는 현재 로마자를 쓰고 있다.[53]

필리핀어는 언어의 기초를 타갈로그어에 두되, 표준어화 과정을 거쳐 일부 요소를 뺐다. 대한민국에서 서울 방언과 표준어가, 중국에서 중국어의 북부방언과 북부방언을 기초로 제정된 보통화가 엄밀한 의미에서 구별되는 것과 비슷하다. 1973년 마르코스 행정부는 필리핀어와 영어를 국가공용어로 지정하

---

53) 타갈로그어/두산백과

고, 스페인어는 배제하였다. 필리핀어는 타갈로그어(특히 수도인 메트로 마닐라에서 사용되는 방언)과 거의 같으나, 국립 필리핀 대학에서 편찬한 필리핀어 사전을 보면, 필리핀의 다른 지역어로부터도 많은 어휘를 받아들였다.

필리핀어는 교육 언어이기도 하지만, 교육에서의 활용도는 영어에 미치지 못하고 있다. 이것은 특히 고급 교육일수록 두드러진다. 출판물 종류에서도 마찬가지로서, 입말이 많이 쓰이는 만화책, 소설 등의 비율은 필리핀어가, 교육, 과학, 기술서적 등은 영어로 출판된다. 그러나 필리핀어는 필리핀 모든 지역과 해외 필리핀인 공동체에서 교역어로 쓰이며, 행정, 교역, 군대 등에서 가장 중요한 말이다.

한편, 타갈로그어와 영어 외에도 필리핀에서는 모국어로 사용되는 언어가 합계 172개에 이른다. 이 밖에 사용되는 언어에는 중국어(베이징어나 푸젠어), 스페인어 식민지 시절의 스페인어와 차바카노어(스페인어 크리올), 이슬람교도 사이에 사용되는 아랍어, 말레이어 등이 있다.

필리핀에서 주로 사용되는 상위 5개의 언어를 순서대로 다음의 표로 정리해보았다.

필리핀 상위 5개의 언어	화자
타갈로그/필리핀	26,387,855
세부아노	21,340,000
일로카노	7,779,000
힐리가이논	7,000,979
와라이와라이	3,100,000

이것들은 모두 오스트로네시아어족으로 분류되고, 대부분의 필리핀인들이 지역의 방언정도로 여기지만, 거의 의사소통을 할 수 없을 정도로 차이가 있다고 한다.[54]

---

54) 필리핀의 언어/위키백과

2. 필리핀의 사람[55]

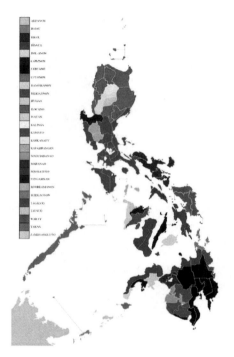

그림 22 필리핀의 민족구성

위의 그림에서도 알 수 있듯이 필리핀의 민족구성은 매우 다
양하다. 2000년 인구조사에서 필리핀인 중 28.1%는 타갈로그
족, 13.1%가 세부아노 족, 일로카노 족 9%, 비사야 족 7.6%,
힐리가이논 족 7.5%, 비콜 족 6%, 와라이 족 3.4%, 그리고
25.3%가 기타로 나타났다.[56]

---

55) By Howard the Duck
https://commons.wikimedia.org/w/index.php?curid=4307580

2020년 5월 1일, 필리핀 추정 인구는 약 1억 903만 5,343명이며 세계 13위를 기록하였고, GDP는 약 3,941억 달러로 세계 43위를 기록하였다. 또한 골드만 삭스는 필리핀이 2050여년 경 세계 14위 경제대국으로 성장할 것을 전망했다.[57]

필리핀 국민을 흔히 '필리피노(Filippino)'라고 부르는데, 이들은 말레이 인종에 속하지만, 여러 차례에 걸친 이주의 결과 약간 변형된 것으로 보인다.[58]

필리핀 민족구성을 보다 세부적으로 나누면 모로 족, 카팜팡안 족, 팡가시난 족, 이바나그 족 그리고 이바탄 족으로 나눌 수 있다. 뿐만 아니라, 이고로트 족, 루마드 족, 망간 족, 바자우 족, 그리고 팔라완의 부족과 같은 토착민들도 존재 한다.아에타 족과 아티 족 같은 네그리토들은 이 제도에 초기에 정착한 고대 민족으로 여겨진다.

이들 민족 외에 10%는 화교와 메스티소라고 불리는 혼혈족이 차지한다. 화교가 경제생활에 공헌하고 있다면 메스티소는 경제적으로 윤택하며 고등 교육을 받아 사회적으로도 상류 계급을 형성하고 있다.

---

56) 필리핀의 인구/위키백과
57) 골드만삭스, 필리핀 2050년에 세계 14위 경제대국으로 성장전망/ 코트라 해외시장뉴스
58) 필리핀의 주민/두산백과

3. 필리핀의 종교·문화[59)]

그림 23 골든 모스크 기도당

필리핀의 종교는 천주교(83%), 개신교(9%), 이슬람교(5%), 불교 및 기타(3%)의 비율로 구성되어 있다. 공식적으로는 '종교의 자유'를 인정하고 있으며, 국가와 종교가 분리되어 있고 모든 종교적 신념을 동등하게 존중할 것을 헌법에 명시하고 있다.

---

59) By Chongkian
https://commons.wikimedia.org/w/index.php?curid=36728502

필리핀에서 가장 우세한 **로마 가톨릭은 에스파냐의 영향으로 유럽의 가톨릭과는 차이가 있다.** 1521년 마젤란 도착 이후 전파되기 시작한 **로마 가톨릭은 필리핀의 전통 축제형식과 토테미과 융합되어 종교예식을 무척 열정적으로 표현하는 형태로 나타난다.**[60] 예를 들면 필리핀 가톨릭에서는 십자가나 묵주 같은 상징물을 경배하는 모습을 보여준다.

따라서 필리핀의 기독교는 대부분이 로마 가톨릭 신자이며, 그 외 필리핀 성공회(영어: The Episcopal Church in the Philippines), 개신교(9%), 필리핀 독립 교회 등의 독립 가톨릭교회가 있다. 필리핀 성공회는 미국 성공회 선교사들의 선교활동으로 전래되었으며, 로마 가톨릭 교회가 전래되지 않은 산간지역에서 선교활동을 했다고 전해진다.[61]

한편, 가톨릭, 개신교를 포함한 기독교외에는 이슬람이 있다. 필리핀의 이슬람은 민다나오 섬에 많이 거주하고 있다. 이는 에스파냐 식민지 시절 로마 가톨릭 신자를 이주시키는 종교적인 이주정책으로 이슬람교도들이 살 곳이 없게 되었기 때문이다. 이 때문에 1960년대 말부터 모로 민족 해방전선, 모로 이슬람 해방 전선 등의 독립 요구로 이어지기도 했다.

---

60) 필리핀 종교/ 필리핀 관광부
61) 필리핀의 종교/위키백과

그 외 에스파냐의 식민지가 되기 전에는 정령신앙 등의 토착 종교가 있었으나 식민지가 된 이후에는 거의 없어졌다고 한다.

필리핀은 **다양한 종족과 종교뿐만 아니라 기층문화에 에스파냐, 미국 문화까지 혼합된 복합사회이다. 그러므로 동양과 서양의 문화가 혼재되어 있다.**

그렇지만 대체적으로 발견되는 문화 양식에는 '정실주의'가 뿌리 깊이 박혀 있다. 필리핀 문화의 근원은 핵가족 제도에서 나오며, 가톨릭적 종교관이 뚜렷해 낙태나 이혼은 부정한 것으로 이해되고 있다.62)

---

62) 필리핀의 문화/두산백과

4. 필리핀의 역사

다음은 필리핀의 역사를 표로 정리한 것이다.

시대 구분	내용
~1571년	스페인 정복 이전 시대 (부족국가 시대)
1571년~1898년	스페인 식민지 시대
1898년 6월 12일	스페인으로부터 독립 선언
1898년~1946년	미국 식민지 시대 1)미국·스페인 강화 조약 2)점진적인 자치 허용
1942년~1945년	일본의 필리핀 점령 및 독립
1946년 7월 4일	미국으로부터 독립
1946년~현재	필리핀 공화국

스페인 정복이전시대는 **'고대 필리핀'**이라고 일컫는다. **선사시대부터 1571년 스페인의 지배를 받기 이전까지**의 시기를 말한다.

필리핀의 초기 원주민 네그리토(Negrito)가 언제부터 필리핀 땅에 살기 시작했는지는 증명할 만한 역사적 기록이 담긴 문헌은 없다. 더운 날씨와 지진 등의 자연재해, 전쟁 등으로 인해 많이 소실됐기 때문이다. 다행히 2007년 루손섬 북쪽에 있는 칼라오 동굴(Callao Cave)에서 6만 7천 년 전의 것으로 추정되는 칼라오 원인(Homo luzonensis)의 뼈가 발견되면서 필리핀에 상당히 오래전부터 사람들이 살아왔음을 추정할 수 있다.

필리핀의 초개 원주민 네그리토는 대체로 3만 년 전에 보르네오와 수마트라 등지로부터 이주해 들어와 정착한 것으로 보고 있다. 해안 지역에 살고 있던 네그리토인은 제철과 관개 기술을 가지고 있던 말레이계에 밀려 산악 지대로 들어가 살게 되었다.63)

고대 필리핀인들의 기원에 대해 상반되는 여러 개의 학설이 있다. 가장 널리 수용되는 언어학적, 고고학적 증거는 "타이완 유래설 모델"이며, 이것은 오스트로네시아인들이 량주 문화와 같은 양쯔강의 신석기 문명으로부터 온 후손이라는 타이완에서 왔다고 가정하고 있다.

그 다음으로 **스페인의 식민통치**를 받던 시대는 스페인이 필리핀을 정복한 1571년부터 미국·스페인 전쟁으로 필리핀에 대한 지배권이 미국으로 이양된 1898년까지의 시기를 말한다.

---

63) 스페인 정복 이전시대(~1571년)/필리핀 개황 외교부

스페인이 필리핀을 정복한 역사는 1521년 스페인 왕의 후원을 받은 포르투갈인 탐험가 페르디난드 마젤란(Fernão de Magalhães)이 필리핀을 발견한 것으로 거슬러 올라간다.

마젤란이 1521년 필리핀의 사마르(Samar) 섬에 상륙한 이래 스페인은 수차례에 걸친 원정 끝에 1571년에 마침내 필리핀을 정복했다. 그리고 이 섬나라의 국명을 당시 스페인의 국왕이던 펠리페 2세 (Felipe II)의 이름을 따서 필리핀(Philippines)으로 정하고, 마닐라에 총독을 두어 이후 327년간이나 지속되는 식민 지배를 시작하게 되었다.[64]

스페인은 마닐라를 정복한 이후 레이테, 파나이, 민도로 등을 차례차례 정복하였다. 그러나 이 정복 활동이 순탄하지는 않았다. 이미 필리핀에 일정 세력을 형성하고 있던 이슬람 국가들은 스페인에게 지속적으로 저항하였다. 이 저항을 모로 전쟁이라고 부르며, 1578년부터 스페인의 식민지배가 종료되는 1898년까지 약 300년 동안 벌어졌다.[65]

그러나 이 식민 지배는 스페인이 직접 통치하는 방식이 아닌 멕시코 총독을 통한 간접 통치 방식을 취하고 있었다.

---

64) 스페인 식민지 시대(1571년~1898년)/필리핀 개황 외교부
65) 필리핀 도독령/나무위키

1860년, 스페인에서 발생한 내전과 함께 필리핀에서도 스페인을 향한 저항운동이 발생하게 된다. 19세기 후반에는 민족주의가 성행하게 됐고, 이 때 등장한 인물이 호세 리잘이다. 그 뒤 여러 독립운동이 발생했고, 필리핀은 에밀리오 아기날도가 스페인으로부터 독립을 선언한 6월 12일을 독립기념일로 삼고 있다.

필리핀의 역사에서 **미국 식민지 시대**는 미국-스페인 전쟁 후 체결된 미국·스페인 강화조약으로 필리핀에 대한 지배권이 스페인에서 미국으로 넘어간 1898년부터 필리핀이 미국의 지배에서 벗어나 독립을 선포한 1946년까지의 시기를 말한다.[66]

그림 24 산후안 고지에서의 전투

---

66) 미국 식민지 시대(1898년~1946년)필리핀의 역사/필리핀 개황 외교부

하지만 이 사이 제2차 세계대전이 한창이던 1942년 1월, 일본군이 마닐라를 점령했다. 따라서 필리핀은 **1942년부터 1945년까지 일본 점령 아래 놓이게 된다.** 67)

그러나 1944년 10월 20일, 더글러스 맥아더(Douglas MacArthur) 장군이 레이테(Leyte) 섬에 진주하면서 필리핀 영토 내에서 미국과 일본 간의 전면전이 시작되었다.

1945년 2월, 미군이 다시 마닐라를 점령하면서 미국의 자치령 정부가 부활하게 되었고, 맥아더 장군은 1945년 2월 3일, 세르히오 오스메냐 (Sergio S. Osmeña, 1878~1961) 대통령에게 자치정부를 이양했다. 1946년 7월 4일, 마침내 필리핀은 미국으로부터 독립하고 제3공화국을 출범시켰다.68)

---

67) 필리핀 역사/ 필리핀 관광부
68) 일본의 필리핀 점령 및 독립/필리핀 개황 외교부

5. 필리핀의 최근 이슈

1) 기업경영을 위한 ESG 현황[69]

최근 몇년간 필리핀 규제 당국은 기업들이 지속 가능한 ESG 이니셔티브를 기업 운영에 포함하도록 장려하는 정책을 추진해 오고 있다.

필리핀 증권거래위원회(SEC)는 기업을 위한 기업지배구조 강령(CG-PLC)을 통해 기업이 이해관계자에 대한 장기적인 경제적, 도덕적, 법적, 사회적 의무를 안내하는 관리 및 통제 시스템을 구축했다. 또한 이해 당사자를 일반적으로 회사의 전략, 정책, 비즈니스 의사 결정 및 운영에 영향을 미치거나 영향을 받을 수 있는 개인, 조직 또는 사회 전반으로 정의하며 여기에는 고객, 채권자, 직원, 공급업체, 투자자가 포함된다.

그린 프로젝트의 자금 조달 등 ASEAN 그린 채권 발행 지침으로 정의, 자격 요건, 프로젝트 선정 및 평가, 수익금의 사용 및 관리, 외부 검토 과정 및 요구사항이 명시된다. 그린 프로젝트 범주로는 재생에너지를 활용한 에너지 효율 증대, 공해 방지와 기업 운영 간 생활 자원 및 토지이용에 따른 환경 보존, 지역 생태계 보전, 친환경 교통수단, 지속 가능한 오·폐수

---

69) 필리핀의 기업 경영을 위한 ESG 현황

관리, 기후변화, 친환경 및 순환 경제 생산 기술 및 프로세스
등이 포함된다.

2) 환경보호와 관광산업[70]

그림 25 필리핀 보라카이

필리핀에서는 최근 자국 내 환경보호대책을 강화하였다. 실례
로, 정부에서는 심각하게 훼손된 보라카이 섬의 환경보호를
위해 폐쇄명령을 내렸다. 이 후 불법으로 지어진 시설과 바다
로 이어진 배수관은 철거되었고, 일부 숙박시설 또한 영업이

---

70) 필리핀의 강력한 관광지 환경보호 대책, 관광산업 위축으로 이어질라/
   아시아타임즈

중지되었다.

정부는 이러한 정책에 대하여 보라카이 섬을 지속 가능한 관광지로 만들기 위한 것이라고 밝히며, 환경보호에 대해 매우 엄격한 자세를 유지하고 있다.

하지만 일각에서는 우려의 목소리도 나오고 있다. 환경보호를 지나치게 내세우면 관련 관광산업들에 악영향을 미칠 수 있다는 것이다. 보라카이섬에는 이제 늦은 밤까지 북적이던 해변의 음식점들이 모두 폐쇄되었고, 해양 스포츠 또한 금지되었다.

이에 국민들은 환경보호와 관광산업 활성화를 적절히 유지할 수 있는 방안을 마련해야 한다고 보고 있다.

3) 커피 산업 동향

필리핀은 커피재배에 적합한 기후 및 토양 조건을 갖추고 있으며, 총 4가지 커피 품종을 생산하고 있다. 필리핀 커피 생산량의 약 69%는 로부스타(Robusta) 품종이 차지했으며 아라비카(Arabica)(24%), 엑셀사(Excelsa)(6%), 리베리카(Liberica)(1%) 순이다. 필리핀의 주요 커피 생산지역은 중앙

민다나오(31%), 다바오(21%), 방사모로 민다나오 이슬람 자치구(12%), 남부 루손(10%), 북부 민다나오(6%)이다.

1980년, 필리핀은 공식적으로 커피 수출국과 수입국의 커피 교역에 관한 기구인 국제커피협회의 회원이 됐다. PCBI는 커피 생산량 향상을 위해 '국가 커피 개발 위원회(National Coffee Development Board)'라는 명칭으로 설립된 민간단체로, PCBI 회원국은 커피 재배업자, 제분업자, 로스터, 소매업자, 지방자치단체, 농업신용기관에 이르기까지 커피와 관련된 광범위한 산업관계자들로 구성되어 있다. 필리핀 내 활발한 커피 소비에도 불구하고 글로벌 밸류체인에서 필리핀 커피

산업의 점유율은 상대적으로 낮은 편이다. 현재 필리핀의 커피 생산량은 기니, 토고, 마다가스카르와 같은 소규모 국가들과 비슷한 수준이다.

인스턴트 커피의 인기는 Nestle사가 필리핀 커피 원두의 주요 소비자로 자리매김할 수 있게 만들었다. 인스턴트 커피는 저소득층 소비자들에게 가장 큰 인기가 있고 이 소비자 기반이 경제적으로 점점 부유해지고 있기 때문에, 인스턴트 커피 믹스에 대한 수요가 증가할 것으로 전망된다. 2020년 코로나19의 영향으로 프레시 커피(Fresh Coffee)의 소매 매출이 크게 감소하고 인스턴트 커피의 매출은 증가했다. 카페, 식당, 전문 커피숍의 이용이 불가능해짐에 따라 집에서 손쉽게 마실 수 있는 인스턴트 커피 믹스를 찾는 소비자들이 많아진 것이다.

또한 지역사회 격리조치로 인해 소비자들의 출입이 통제되었으며, 소비자들은 신선한 원두커피에서 인스턴트 커피 믹스로 전환하는 경향을 보였다. 커피 믹스의 저렴한 가격과 유통되는 제품의 이용가능성, 인스턴트 커피 브랜드의 강력한 마케팅 노력 등으로 인해 한 해 동안 인스턴트 커피산업은 크게 성장했다.

필리핀이 글로벌 커피 밸류체인에서 차지하는 비율은 적지만, 현지 커피 기업들이 필리핀산 커피를 유통하는 발판을 마련하며 활기찬 커피 시장 생산 및 유통구조를 구축하고 있다. 특히 필리핀의 지리적 조건은 지난 수세기 동안 필리핀 커피산업의 밸류체인 발전하는 중요한 밑거름이 되었다. 그러나, 커피산업을 부활시키기 위한 많은 노력에도 불구하고 커피생산을 그만두는 농부들이 증가하고 있으며, 생산량은 감소하고 있다.

필리핀 커피의 글로벌 밸류체인을 향상시키기 위해서는 다양한 이해 관계자들의 참여와 광범위한 개발 전략이 필요하다. 개발 전략에는 교육 프로그램 제공, 커피 생산자를 위한 인적자본 개선, 필리핀 커피의 품질 보장을 위한 지원, 인프라 개선 등이 포함된다.

한편 한 관계자의 전망에 따르면 한국 투자자들이 필리핀 커피농부를 대상으로 한국의 진보적인 생산방법을 교육함으로써 필리핀 커피 생산 역량을 향상시키고 보다 많은 사업 협력 기회를 모색할 수 있을 것이며, 앞으로 필리핀 커피산업은 증가하는 필리핀 수요를 충족시키고 인도네시아, 베트남, 태국 등 세계 시장의 커피 기업들과 경쟁을 통해 더욱 성장할 것이라고 한다.

저렴한 가격과는 별개로, 인스턴트 커피의 편리함은 코로나19 대유행 기간 동안 필리핀 시장을 지배할 가능성이 더 높을 것으로 예상된다. 낱개로 구매할 수 있는 저렴한 인스턴트 커피는 구멍가게, 노상 식당, 편의점, 식료품 가게, 슈퍼마켓 등에서 판매되고 있다.

4) 필리핀 경제 전망[71]

2022년 상반기 필리핀은 정부의 팬데믹 완화 및 경제 활성화 정책에 따라 경제 성장세를 보였다. 아시아개발은행(ADB)은 2020년부터 팬데믹으로 침체된 필리핀 경기가 정부의 경제 개혁 및 인프라 사업 추진 등을 통해 회복되고 있다고 발표했다. 국내총생산(GDP) 성장률은 2020년 -9.6%에서 2021년 5.6%로 크게 회복되었으며 2022년에는 6.0%, 2023년에는 6.3% 성장할 것으로 전망된다.

필리핀 정부는 코로나19 확산 방지를 위해 최소한의 방역 조치만 유지하며, 기업 및 국민의 경제활동 재개를 지원하고 있다. 필리핀 국내총생산(GDP)의 약 70%를 차지하는 루손 지역은 지난 6월 일 평균 코로나19 확진자가 평균 1000명 미만을 유지하고 있다. 지난 3월부터 코로나19 경보 1단계에 따라 모든 기업 사무실 및 공장은 최대 운용 인원으로 운영할 수 있게 돼 사무실 및 상업시설이 재운영되고 공장도 재가동되었다.

---

71) 필리핀 2022 상반기 경제 동향/ 코트라 해외시장 뉴스

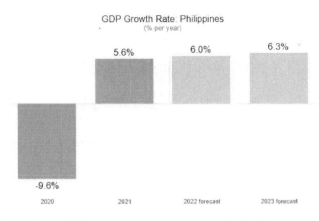

GDP Growth Rate: Philippines
(% per year)

5.6%   6.0%   6.3%

-9.6%

2020   2021   2022 forecast   2023 forecast

Source: Asian Development Bank. Asian Development Outlook (ADO) 2022 (April 2022)

그림 27 필리핀 GDP 성장률

또한, 지난 2월 코로나19로 봉쇄되었던 국경을 개방하며 많은 관광객이 다시 필리핀으로 입국하고 있다. 이에 따라 필리핀 GDP의 60%를 차지하는 관광 및 서비스 산업이 다시 활기를 찾고 일자리도 확대되고 있다.

필리핀 정부는 경제 활성화를 위해 외국인 투자 제한을 완화하였으며 이로 인한 대규모 외국인 투자 유치 및 인프라 프로젝트에 대한 투자 증가할 것으로 전망된다. 필리핀 정부는 외국인 투자 제한 완화에 따른 인프라 지출을 2021년 GDP의 5.8%에서 2022년에도 5.0% 이상 유지하는 것을 목표하고 있다. 최근 민간 투자 증가, 외국인 지분 소유 규정 완화, 소매업체의 최소 납입자본금을 낮추는 투자 개혁 조치로 외국인 직접 투자의 순 유입은 2021년 대비 54.2% 증가했다.

아울러 필리핀 정부는 경제 성장에 중요한 중소기업 경쟁력 강화를 위해 중소기업 대상 디지털, 비즈니스 혁신 및 기술 개발 지원 프로그램을 추진 중이며 아시아개발은행(ADB)과 함께 Skill Up Net 프로그램을 통해 중소기업 근로자 역량개발 교육을 지원하고 있다.

필리핀 주재 외국상공회의소연합이 필리핀 경제에 대한 전망을 긍정적으로 밝혔다. 이는 외국인 투자자에 의한 직접 투자액이 연간 100억달러(약 11조 3100억원)에 이를 것이라는 전망과 함께 나오게 되었다.

사실 필리핀에 대한 외국인직접투자는 2017년부터 2년 연속 100억달러를 달성하고 있지만, 전반적으로 세계 경제의 침체가 지속되면서 글로벌 투자가 줄어들고 있고, 이에 따라 필리핀에 대한 투자도 줄어들지 않겠느냐는 우려가 불거진 것이다.

하지만 필리핀은 정부의 인프라 촉진 정책과 미중 무역 마찰을 줄이기 위한 특별 경제 구역 제조업 이관을 진행하는 등 각별한 노력을 하고 있으며, 이러한 점들로 미루어보아 2019

년 필리핀 경제도 긍정적일 것이란 전망이 나오고 있다.

5) 에너지 부족 문제 모색

필리핀에서는 에너지 부족 문제에 대하여 지속적으로 해결점을 모색하고 있다. 최근 2018년도에 개최된 'Electrical, Energy&Power Philippines' 전시회는 신재생에너지와 친환경 전기관련 제품들을 한 눈에 볼 수 있는 기회였다.

필리핀은 7,000여개의 섬으로 이루어진 지형적 특징 때문에 전기 공급이 어렵다는 문제를 갖고 있다. 최종에너지 소비량 중 전력이 차지하는 비율을 나타내는 것이 전력화율인데, 필리핀의 전력화율은 88.3%로, 1,600만명의 인구가 전기를 사용할 수 없는 현실적 어려움이 있어왔다.

따라서 필리핀 정부는 재생 에너지 전력공급 활성화를 목표로 하여 2040년까지 최소 2만MW까지 재생에너지 용량을 확대할 계획이다.

노력의 일환으로 정부는 **'태양광에너지'** 개발에 집중하고 있다. 태양광에너지는 필리핀 내 신재생에너지 중에서도 비용절감과 환경보호를 동시에 잡을 수 있기 때문이다. 따라서 이에 관련된 산업이 더욱 활성화될 전망이다.

그림 28 태양광 에너지

필리핀 신재생에너지 산업은 매년 성장을 거듭하고 있으며, 신재생에너지 중에서도 지열발전과 태양광발전 자원 잠재력이 높은 상황이다.[72]

따라서 필리핀은 민관 공동사업으로 대규모 호수에 태양광발전소를 조성할 계획이다. 루손섬 북부의 마갓토 호수에 대규모 태양광패널을 설치해 발전할 계획이며, 이는 국가관개청과 SN아보릿쯔파워사가 민관 공동으로 진행하는 프로젝트이다.

72) 인도는 산업 성장 추진, 필리핀은 에너지 부족 문제 해결 집중/인더스트리 뉴스

이번 실증사업은 2,500m² 규모에 200kW 규모의 패널을 설치하고 200kW 규모의 발전을 한다.

관련업체는 이번 사업을 통해 태양광발전소 운영이 가능하다는 것을 확인 할 경우에는 마갓토 호수에 태양광 패널 설치 면적을 늘려갈 계획이라고 밝혔다.

국가관개청은 호수를 이용한 태양광발전은 댐 호수의 수량을 줄이지 않고 패널이 호수 윗면을 덮는 방식으로 진행돼 수분 증발도 막는 효과가 있다고 강조했다. 또한 호수가 마르는 일이 없어 열대 특유의 어류나 수중생물 등의 생태계 보호에도 기여할 수 있다고 설명했다.[73]

6) 웰빙식품 시장

코트라는 필리핀에도 **웰빙식품 시장이 확대**되고 있다고 밝혔다. 최근 필리핀 소비자들 사이에서는 건강한 음식에 대한 인식이 뚜렷해지고 있고, 이에 따라 관련 매출도 늘어나고 있는 상황이다.

---

73) 필리핀, 호수에 대규모 태양광발전소 건설/투데이에너지

정부가 과당음료에 설탕세를 부과하는 등의 정책도 이러한 인
식에 영향을 미친 것으로 보인다. 필리핀 소비자들은 유난히
단맛을 좋아해 전체 성인 인구의 6%이상이 당뇨병을 앓고 있
기 때문이다.

7) 인플레이션

필리핀 인플레이션은 글로벌 유가 및 원자재 가격 상승으로
2022년 평균 5.3%까지 상승할 것으로 예상된다. 특히 유가의
급격한 상승으로 필리핀 정부는 지난 3월 대중교통업체 및 농

어민들에게 유류 보조금과 할인권을 지급했다.

<전년동기대비 소비자물가지수(CPI) 증감률>

(단위: %, 2018=100)

지역	2021년 5월	2022년 4월	2022년 5월	올해 초부터 현재까지*
필리핀	4.1	4.9	5.4	4.1
수도권	2.6	4.4	4.7	3.1
지방 지역	4.5	5.1	5.5	4.3

주*: 22.1~5월 평균 CPI와 '21년 비교

그림 31 필리핀 통계청

필리핀 인플레이션은 2022년 4월 4.9%에서 5월 5.4%로 추가 상승하며 2018년 12월 이후 최고치를 기록했다. 2022년 5월

식품 및 무알코올 음료(4.9%), 교통(14.6%) 부문에서 급격한 인플레이션을 보였으며 주류 및 담배(6.8%), 의류(2.1%), 스포츠 및 문화(1.7%), 개인 관리 및 서비스(2.5%) 상품 부문도 인플레이션 상승세에 기여했다. 반면, 주택관리 비용(6.5%), 가구 및 가전제품(2.5%)은 전월 대비 하락했다.

따라서 필리핀 정부는 하반기 내 인플레이션 완화를 위해 통화 정책, 기름값 인하, 주요 수입 상품 내수 생산 지원, 원자재 공급망 확보 등의 조치를 할 것으로 보인다. 필리핀 중앙은행(BSP)은 페소 가치를 높이고 인플레이션 완화를 위해 8월 0.5%포인트 금리 인상 계획을 발표하였으며 이후에도 경제회복 및 물가안정을 위해 장기적인 금리 인상을 단행할 것으로 전망된다.

필리핀 **소비자 물가가 2018년에 최고치로 치솟았다.** 필리핀 통계청은 2018년 9월 소비자 물가가 2017년 대비 6.7% 올랐다고 발표했다.

통계청은 소비자 물가가 오른 이유로, 식료품 가격이 두 자릿수에 가까운 상승률을 보인 데다 담배와 주류 가격은 21.8% 급등했기 때문이라고 밝혔다. 식료품 가격을 제외한 근원 소비자물가는 2017년 대비 4.7% 상승하였다.[74]

---

74) 필리핀 소비자물가, 9년 만에 최고치/연합인포맥스

6. 필리핀의 음식

그림 32 필리핀 요리

필리핀 요리는 오랫동안 다양한 식문화와 융화되어 발전해왔다. 필리핀 전통 요리에 기반 해, 말레이시아 요리, 인도 요리, 스페인 요리, 중국 요리, 미국 요리 등이 필리핀 요리에 영향을 주었다. 필리핀 요리는 쌀밥, 튀긴 생선 등 간단한 요리에서부터, 파에야, 코지두 같은 스페인 요리 등 다양하다.[75]

필리핀 요리의 특징은 생선의 비율이 높고, 과일이 많아서 이와 같은 재료들이 요리에 많이 쓰인다는 것이다. 특히 칼라만시나 라임과 같은 새콤한 맛을 즐겨 쓴다. 또한 스페인 식민지 시절의 영향으로 동남아에서는 **돼지고기**도 즐겨 먹는다. 따라서 햄과 소시지의 품질이 매우 좋은 편이다.[76]

---

75) 필리핀 요리/위키백과
76) 필리핀 요리/나무위키

1) 말락킷

그림 33 말락킷

먼저 주식은 우리나라와 같이 '쌀'이다. 일종의 찹쌀인데 이름
은 말락킷(Malagkit)이라고 한다. 그래서 차진 밥을 좋아 하
는 한국인들은 디노라도(Dinorado)에다 말락킷을 섞어 먹는
다. 디노라도 2kg에 말락킷 1kg이면 차진 밥이 된다. 가격은
상품 기준 디노라도가 상품 kg당 34페소 정도, 말락킷이 54
페소 정도이다.[77]

---

[77] 필리핀의 음식/위키백과

2) 발룻

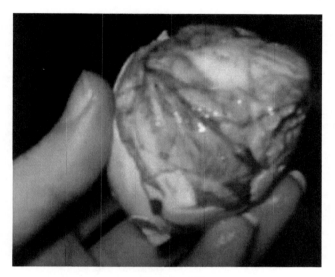

그림 34 발룻

또한 서민들은 간식으로 '발룻' 이라는 음식을 즐겨 먹는데 이것은 부화가 되기 직전의 오리알을 삶은 음식이다. 필리핀 사람들은 주로 발룻을 소금, 칠리소스, 마늘, 식초 등을 곁들여서 먹으며 특유의 누린내와 질감을 즐긴다. 껍질을 제외한 모든 부분을 먹는다.[78]

---

78) 발룻/위키백과

3) 판데살[79]

그림 35 판데살

아침 식사는 주로 판데살을 먹는다. 판데살은 밀가루, 계란, 이스트, 설탕, 소금으로 만든다. 우리나라의 롤빵과 같다. 이 것은 필리핀이 스페인의 식민지로 있을 때부터 만들어 먹기 시작하였다. 필리핀에서 특히 유명한 효모빵이며, 맛과 질감 은 푸에르토리코 지방의 "판데아구아"나 멕시코의 "볼랄로"(스

79) By BrokenSphere
 https://commons.wikimedia.org/w/index.php?curid=3897501

페인어: Bulalo)와 비슷하다.80)

4) 아도보81)

그림 36 아도보(Adobo)

필리핀의 돼지(혹은 닭) 장조림 또는 갈비찜이라고 볼 수 있다. 돼지고기나 닭고기를 식초와 함께 삶았으며, 아도보라는

80) 판데살/위키백과
81) By dbgg1979 on flickr
  https://www.flickr.com/photos/dbgg1979/3880492441/
  https://commons.wikimedia.org/w/index.php?curid=8746775

이름이 붙은 요리는 기본적으로 간장, 마늘 베이스 요리를 일컫는다.

5) 시니강[82]

그림 37 시니강 나 바보이

시니강은 고기와 해산물을 넣어 만든 스프로 새콤한 맛이 특징이다. 외국 사람들은 식초 맛이 너무 강해 거부감이 있을

---

82) Ernesto Andrade - originally posted to Flickr as Home - Dinner

수 있다. 고기, 생선, 해산물, 채소 등으로 국물을 내고 타마
린드, 레몬, 칼라만시 등의 신 과일의 즙을 더한다. 쌀밥과 함
께 먹는다. 시니강은 주재료와 부재료에 따라 다음과 같이 분
류가 가능하다.[83]

	채소	시니강 나 굴라이(sinigang na gulay)
주재료	닭고기	시니강 나 마노크(sinigang na manok)
	돼지고기	시니강 나 바보이(sinigang na baboy)
	쇠고기	시니강 나 바카(sinigang na baka)
	새우	시니강 나 수그포(sinigang na sugpo)
	크릴	시니강 나 알라망(sinigang na alamang)
	생선	시니강 나 이스다(sinigang na isda)
	생이	시니강 나 히폰(sinigang na hipon)
부재료	구아바	시니강 나 바야바스(sinigang sa bayabas)
	타마린드	시니강 나 삼팔로크 (sinigang sa sampalok)
	산톨	시니강 나 산톨(sinigang sa santol)
	레몬	시니강 나 리몬(sinigang sa limon)
	빌림비	시니강 나 카미아스(sinigang sa kamias)
	망고	시니강 나 망가(sinigang sa mangga)

---

83) 시니강/위키백과

6) 판싯

그림 38 판싯

판싯은 필리핀의 '볶음국수'이다. 면과 야채와 고기를 볶아서 만든 중화요리풍의 야끼소바와 비슷하다고 할 수 있다. 필리핀어 "판싯(pansit)"은 민난어 "삐안에싯(piān-ê-si̍t/便ê食)"에서 유래한 말로, "간편식"이라는 뜻이다.[84]

---

84) 판싯/위키백과

7) 레촌

그림 39 레촌

레촌(스페인어: lechón)은 필리핀에서 대표적인 "국민 음식"으로 여겨진다. 필리핀의 대부분 지역에서는 축제, 기념일이나 특별한 행사가 있을 때 레촌을 준비한다. 이 음식은 원래 스페인 지역에서 먹던 새끼 돼지 바비큐였는데, 스페인의 식민지 시대 영향으로 필리핀의 대표적인 음식이 된 것이다. 레촌은 애저의 내장을 제거하고 양념을 한 뒤 로티서리에 끼워 화로에서 통구이 해 만든다.[85]

---

85) 레촌/위키백과

7. 필리핀의 교통

1) 지프니

그림 40 지프니

지프니(jeepney)는 필리핀 사람들의 주요 대중교통 수단으로, 버스와 지프의 중간 형태처럼 생겼다. 과거에 미군들이 버리고 간 지프차를 개조해서 장식한 후 마을 버스와 같은 교통수단으로 쓰고 있다. 비용은 6~7페소 정도로 저렴한 편이며, 거리에 따라 다소 요금이 변동될 수는 있다. 지프니는 매연이 상당히 심하게 나오는 것이 단점이다.[86]

---

86) 필리핀의 교통/나무위키

2) 트라이시클[87]

그림 41 트라이시클

트라이시클은 오토바이 형태와 자전거 형태가 있다. 오토바이
형태는 오토바이의 측면에 탑승석 하나를 추가로 붙여서 운용
하는 것이다. 소음과 매연이 심하다는 것이 단점이다. 하지만,
좁은 동네 골목에 다니기에 유용하다.

---

87) By TRIKER - TRIKER
https://commons.wikimedia.org/w/index.php?curid=4894642

3) 택시

그 다음으로 일반적으로 이용하는 필리핀의 교통수단은 '택시'이다. 필리핀의 택시에는 여러 종류가 있는데 하얀색 택시, 노란색 택시 등 몇 가지 종류가 있다. 하얀색 택시는 주로 시내에서 이용하는 택시이며 기본요금은 보통 40페소 정도 한다.

4) 렌트카

장거리 여행 시에는 렌트카를 이용해보는 것도 좋은 방법이다. 하루 이용금액은 보통 2500페소에서 5000페소 정도 든다고 한다. 여러 명이 이용할 시에는 추천할 수 있는 교통수단이다.

5) 그랩과 우버

필리핀에서 대중적으로 이용되는 콜택시는 '그랩'과 '우버'가 있다. 핸드폰 어플로 다운받아서 사용할 수 있으며, 택시비가 정가로 표시되기 때문에 외국인들이 이용하기에 안전한 편이다.

05. 필리핀 속 한국

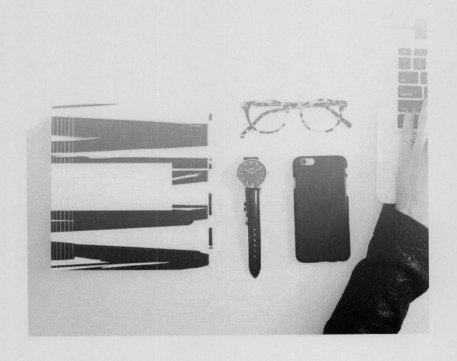

V. 필리핀 속 한국

1. KPOP의 인기

1) 필리핀과 한국의 교류 관계

필리핀은 1억 1,000만 명 이상의 인구를 보유하고 있으며 동남아시아 권역 내에서 영어 사용이 비교적 원활한 국가이기 때문에 트렌드를 선도해 나가거나 다른 문화권으로 영향을 줄 수 있는 문화적 역량을 보유하고 있는 허브 국가이다.

국내 주요 지상파 텔레비전 채널인 ABS-CBN이 2020년 6월 갑작스럽게 허가가 종료되면서 OTT의 이용자가 크게 늘어났으며 구미의 대형 업체들과 함께 중국 OTT 사업자들이 치열하게 필리핀 국내 시장에서 경쟁하면서 한국 방송 콘텐츠들이 현지에서 큰 사랑을 얻고 있다.

필리핀 대중음악(OPM, Original Pilipino Music)은 K-Pop을 적극적으로 받아들이면서 소비하고 있으며 이를 주체적으로 해석하여 한류 아이돌의 육성 시스템을 통해 자국 아이돌을 배출. 필리핀 대중음악(OPM) 아이돌은 해외의 필리핀 커뮤니티와 함께 글로벌시장에 빠르게 진출하여 미국의 빌보드를 비롯한 해외 시장에서 좋은 반응을 얻고 있으며 이와 함께 필리핀 정부에서도 필리핀 대중음악 생태계 육성을 적극적으로 지원하고 있다.

한류 문화를 통해 받아들인 한국의 국가 이미지가 매우 긍정적으로 작용하고 있으며 콘텐츠 산업을 비롯한 기타서비스 분야로 한류가 빠르게 그 외연을 확장해나가고 있다. 또한 소셜미디어를 활용하여 콘텐츠 분야에서 각종 트렌드를 만들어내는 트리거시티(Triger City)1) 역할을 담당하고 있어 한국 콘텐츠가 영어권에 퍼져나가는 데 많은 도움이 되고 있다.

2) K팝 커버댄스 페스티벌

필리핀은 한류 음악의 영향력이 가장 크게 나타나는 국가 중 하나이다. 전체 인구가 1 억 1,200 만 명에 달하고 있으며 영어 사용이 비교적 원활하다는 점에서 소셜미디어 등을 통해 이웃 국가들에게 음악 트렌드를 확산시킬 수 있는 환경을 가지고 있는 나라로써 동남아시아 내에서 K-Pop 트렌드를 이끄는 역할을 하고 있다.

그 대표적인 예로 지난 2018년 4월 22일, 필리핀 마닐라 탕하랑 파시그에뇨 극장에서 열린 'k팝 커버댄스 페스티벌'을 들 수 있다.

2018년 개최로 8회째를 맞은 'k팝 커버댄스 페스티벌'은 한류 문화의 지속적 확산에 기여하고, 필리핀의 한류 팬들과의 소통과 공감을 이끌어내는 k팝 팬케어 캠페인으로 평가받고 있다.

필리핀 전역에서 총 130여 팀이 지원해 15팀이 결선에 올랐고, 와일드카드 5팀이 최종 결선에 합류해 총 20팀이 출전해 방탄소년단, 세븐틴, 위키미키, 빅스 등의 곡들을 커버했다.

3시간여에 걸친 열띤 경연 끝에 우승은 세븐틴의 박수(Clap)를 커버한 여성 13인조 그룹 DAISY SIETE(데이지 시에테)가 차지했으며, 2017년 우승팀인 Y.O.U(와이오유)는 위키미키의 '라라라'를 커버하며 상위권에 안착했다.[88]

필리핀에서는 한국식 아이돌 육성 시스템도 수용하여 자국에서 만든 K-Pop 아이돌을 배출하고 있다. 이러한 시스템 내에서 교육을 받고 2019년 최초로 데뷔한 보이밴드 그룹 SB19는 소셜미디어를 통하여 팬덤과 적극적으로 소통하고 성장해 가는 모습을 보여주면서 큰 인기를 얻고 있다.

한국식 트레이닝을 거친 이후 필리핀어로 노래를 부르는 완성

---

88) 필리핀도 K팝 열풍…'K팝 커버댄스 페스티벌' 필리핀 본선 열려/서울 TV

도 높은 필리핀 대중음악(OPM)아이돌들은 기존 가수들과는 차원이 다른 퍼포먼스를 보여주면서 현지 대중음악계에 큰 충격을 주고 있다. SB19의 성공 이후 유사한 아이돌 그룹들의 데뷔가 뒤를 잇고 있으며 MYX 등 국내 음악 차트에서 좋은 성과를 보이고 있다.

현재 주목받고 있는 아이돌 그룹은 비쥐와이오(BGYO). 비니 (Bini), 알라맛(Alamat), 퍼스트원(1st.One), 쏘쏘(XOXO), 데이드림(Daydream), P 팝제너레이션(PPop Generation) 등이 있으며 현재 필리핀 연예기획사들은 다양한 형태로 한국 기획사와의 협업을 하고 있어 유사한 데뷔사례가 한동안 지속될 것으로 예상된다.89)

3) 실용음악 MOU체결

CAC실용음악 연합회 韓-필리핀 K-POP이 실용음악 교류 발전을 위해 필리핀국제교류협회와 양해각서(MOU)를 체결했다.

필리핀국제교류협회(PINIA)는 현 필리핀 정부 NCC의 관계단체이며, CAC실용음악 연합회(회장 김광춘)는 매년 울산 국제락 페스티벌과 전국 실용음악 경연대회를 주최하는 전국 규모

---

89) 필리핀 콘텐츠 산업동향/ 한국콘텐츠진흥원

의 단체이다.

MOU를 체결한 두 기관은 국내 실용음악인들과 남필리핀대와의 실용음악 연수 프로그램 개발 및 필리핀 공연을 계획하고 있다며, K팝 문화의 관심도를 높이는 작업을 할 것이라 언급했다.

이외에도 필리핀국제교류협회는 울산시, 한국문화예술 평의회, 안동시 국제 탈춤페스티벌, 경북대 예술대학 등과의 MOU를 체결한 바 있다. 이를 통해 양국의 문화예술 교류와 실용음악의 발전에 힘쓰고 있다.[90]

4) 한글 패션과 K팝

국내 래퍼 듀오 AXM이 필리핀에서 쇼케이스를 열며 앨범 활동을 하는 데에 입을 의상으로 이상봉 디자이너의 한글 패션을 선택했다. 따라서 AXM과 이상봉 디자이너는 필리핀에 k팝과 k패션을 동시에 전하겠다는 포부를 밝혔다.

AXM이 필리핀에서 부를 메인 곡은 'Keep ya head up'과 'SMN(소문내)'이다. 이상봉 디자이너는 이 두 곡의 뮤직 비디

---

90) 韓-필리핀, K-POP 및 실용음악 교류 발전을 위한 양해각서(MOU) 체결 (공식입장)/탑스타뉴스

오 의상과 필리핀에서 활동할 때 입게 될 주요 의상 9개를 새로 만들었다. 이중에는 그의 시그니처인 한글 패션이 포함되어 있다. 대표적인 것이 마루치가 입게 될 힙합 의상이다. 모자가 달린 긴 조끼 바탕에는 '소문내'라는 세 글자와 함께 한글 가사가 적혀 있다.

이들은 자신들의 앨범 활동을 통해 한국문화를 최대한 많이 전달하고자 하였다. 그래서 뮤직 비디오를 찍을 때도 한강고수부지, 동부이촌동 기찻길, 인사동 등 한국의 정서를 담을 수 있을 만한 장소만 골랐다. 또한 필리핀에 k팝은 많이 알려졌으나 아직 한국문화 자체는 많이 알려지지 못했다며 패션을 통해 한글을 전하는 등 다양한 한국문화를 필리핀에 알리고 싶다고 덧붙였다.[91]

5) 한국 가수들의 다양한 필리핀 진출

인기그룹 모모랜드가 필리핀 공식 팬미팅 '2019 HELLO, MERRY GO THE PHILIPPINES'을 개최했다. 모모랜드는 필리핀 팬미팅을 시작으로 일본, 베트남, 홍콩, 남미 등으로 글로벌 프로모션을 진행하고 있다.

모모랜드는 필리핀 팬미팅 무대에서 필리핀의 국민가요

---

91) 한글 패션 만난 K팝 … 한류 새 물꼬 튼다/중앙일보

'Salamat(살라맛)'을 선보였다. 필리핀 팬들은 이에 감동하였고, 영상을 담은 유튜브를 통해서도 인기를 실감할 수 있었다.[92]

한편, 필리핀 마닐라 SM MOA ARENA에서는 '원케이 글로벌 피스 마닐라 콘서트'가 열렸다. 콘서트에는 싸이, 샤이니, AOA, CNBLUE, B.A.P, B1A4, BTOB등이 참여하였고 필리핀 팬들은 k팝 가수의 무대를 보기 위해 인산인해를 이루었다.[93]

2. K뷰티의 인기

1) 한국 아트 스쿨 운영

필리핀 마닐라 웨슬리안 칼리지 국제 고등학교에서 한국의 아트 하이스쿨 프로그램을 설치·운영한다는 소식이 전해졌다. 이를 위해 국제예술진흥원과 웨슬리안 칼리지 마닐라 학교, U&I Education Center는 3자 협약을 맺었다.

협약식에 이어서는 K-뷰티 소개가 있었다. 뷰티관계자는 세계

---

92) 'Salamat Salamat'…필리핀 울린 모모랜드/TV report
93) 환호하는 필리핀 k-pop 팬들/Newsis

적으로 인정받고 있는 k뷰티 기술이 필리핀에도 전파될 수 있는 기회가 생겨서 기쁘다며 이번 교류 협약을 통해서 필리핀 뷰티산업이 지속적으로 성장하길 바란다고 언급했다.

필리핀의 공교육은 그동안 예술교육이 부족하였기 때문에 한국의 선진화된 예술 교육 시스템을 받아들이게 됨으로 예술산업을 한층 더 업그레이드 할 수 있는 기회가 되었고, 한국 측면에서는 뷰티, 예술적 재능이 뛰어나지만 취업을 못하고 있는 관련업계 재능인들이 해외 취업을 할 수 있는 발판이 마련되었다.[94)]

2) 뷰티 크리에이터 콜라보레이션

한국과 필리핀의 뷰티 크리에이터들이 콜라보 뷰티 프로그램을 진행했다. 이 프로그램의 이름은 '케이드레서 랑데부(KDRESSER RENDEZVOUS)'로 총 나흘간 필리핀 마닐라에서 개최되었다.

'케이드레서 랑데부' 프로그램은 한국의 뷰티 크리에이터와 동남아시아의 뷰티 크리에이터가 만나 K뷰티 제품을 주제로 한 다양한 마케팅 콘텐츠를 만들어내는 프로그램이다.

---

94) 한류 아트와 K-뷰티, 필리핀에 꽃 피운다/머니투데이

한국에서는 꼬자매(본명 최유라, 최유진), 유튜버 꽁지(본명 홍지혜), 콩슈니(본명 김수진), 쏭냥(본명 송지혜) 등 총 5명의 뷰티 크리에이터가 참여했으며, 필리핀에서는 모델 사치나 (Sachzna Laparan)와 로진(Rojean Delos Reyes), 필리핀 공영방송국 소속 걸그룹 'Girltrends'의 멤버인 크리샤 (Krissha Viaje)가 참여했다.

이들은 자신의 피부 고민을 공유하고 이에 맞는 k뷰티 제품들을 소개하며 메이크업을 하는 방식으로 프로그램을 진행했다. 소개된 k뷰티 브랜드는 벤튼, 나인위시스, 갈랑트리 등이 있다.95)

3) 필리핀의 뷰티트렌드

k뷰티가 중국 시장을 공략하다가 진입이 어려워짐에 따라 다른 나라로 영역을 넓히고 있는 가운데, 관계자들은 필리핀 시장의 뷰티 트렌드와 자국 내 소비자들의 k뷰티 선호 취향을 잘 파악해서 진입해야 한다고 언급했다.

---

95) 한국과 필리핀의 뷰티 크리에이터 콜라보, '케이드레서 랑데부' 성료/ 독서신문

필리핀은 7107개의 크고 작은 섬으로 이루어진 지리적인 특성에 따라 **직판업체들이 화장품 시장을 주도하고 있는 특징**이 있으며, 최근 필리핀 식약청(FDA)은 제품 라벨 부착, 시장 모니터링 등 **안정성에 대한 규제를 강화**하는 추세다. 일부 저가 화장품에서 수은이나 해로운 화학물질들이 검출된 사례가 있기 때문이다.

또한 과거에는 필리핀의 여성들이 검은 피부를 가리기 위해 미백 기능성 화장품을 많이 찾았지만, 지금은 **천연제품을 많이 찾는 추세**이다. 품질 뿐 아니라 브랜드 컨셉과 디자인도 중요하게 생각하고 있다.

이렇게 필리핀의 뷰티 트렌드도 지속적으로 바뀌고 있기 때문에 k뷰티는 이것에 민감하게 반응하여 필리핀으로 진출해야 한다는 것이 전문가들의 조언이다.[96]

4) K 뷰티 필리핀 수출입 현황[97]

2022년 8월까지 누계 수출액을 비교해보면 스킨케어 제품은 총 2,297만 달러로 지난해 같은 기간 1,737만 달러에 비해

---

96) 뷰티, 중국 대신 필리핀으로...'언니왕' 필리핀 진출 사례 '주목'/KNS 뉴스통신
97) K뷰티 필리핀 수출 폭풍 성장/ 뷰티경제

32.3% 증가했다. 메이크업은 2022년 178만 달러로 2021년 80만 달러 대비 무려 121.8% 늘어났다.

그림 43 필리핀 스킨케어 수출액 월별 비교_뷰티경제

5) 이니스프리 필리핀 진출

2018년 국내 대표 뷰티 브랜드 아모레퍼시픽그룹의 이니스프리가 필리핀 마닐라 최대 쇼핑몰 'SM몰 오브 아시아'에 1호 매장을 연 뒤로, 필리핀 내에 5개의 오프라인 매장을 운영하며 무료 메이크업 상담, SNS 공유 고객에 마스크시트 제공 등 다채로운 이벤트로 소비자를 공략하고 있다.[98]

---

98) 필리핀 진출 위해 '가성비', '마케팅 차별화' 필요/ 뷰티누리

이니스프리는 2012년에 중국으로 진출한 것을 필두로 하여 싱가폴, 태국, 베트남 등으로 해외 진출 영역을 확대하고 있으며 동남아시아 시장에서의 입지를 강화하기 위해 필리핀에도 자리를 잡은 것으로 보인다. 현재 이니스프리는 모두 655개의 해외 매장을 보유하고 있다.

이니스프리는 자연주의 브랜드 철학을 담은 브랜드로, 녹차, 화산송이 등 제주 자연 원료를 토대로 한 제품이 많다. 주력 제품으로는 그린티 씨드세럼, 한란 인리치드 크림, 화산송이 모공 마스크, 노세범 파우더 등이 있다.[99]

6) 라네즈 필리핀 진출

아모레퍼시픽 그룹은 필리핀 마닐라의 쇼핑 중심지인 마키티 지역 'SM 마카티(SM Makati)' 백화점에 라네즈 단독매장을 열었다고 밝혔다(2018). 아모레퍼시픽은 이니스프리에 이어 라네즈까지 필리핀에 단독 진출했고, 2019년 기준, 4개의 오프라인 매장을 운영하고 있다.[100]

라네즈는 깨끗하고 깔끔한 콘셉트에 기본라인도 촉촉한 편이

99) 뻗어나가는 k뷰티, 이니스프리 필리핀에 1호 매장/머니투데이
100) 필리핀 진출 위해 '가성비', '마케팅 차별화' 필요/ 뷰티누리

고, 색조도 무난해서 2030 커리어우먼들에게 인기 있는 브랜드이다. 전지현에 이어 아시아 전역에서 인기가 높은 배우 송혜교가 9년째 모델로 활약하여 라네즈의 대표 모델이 된 것으로 알려져 있다.

라네즈의 제품 중 'BB쿠션'은 출시 1년도 안되어 100만개 판매를 돌파했다. 이는 '워터 슬리핑 팩 EX', '워터뱅크 에센스', '워터뱅크 크림'에 이어 라네즈의 4번째 글로벌 밀리언셀러 상품이다.101)

따라서 필리핀 매장에는 '립 슬리핑마스크'를 비롯해 '워터슬리핑 마스크'와 워터뱅크 라인을 주력 상품으로 선보였다. 또한 라네즈는 라자다(Lazada) 등 필리핀 내 주요 e커머스 채널에도 입점했다.102)103)

7) 이마트 노브랜드

2018년, 이마트가 필리핀 유통업계 2위를 달리고 있는 '로빈슨스 리테일'과 프랜차이즈 계약을 체결했다고 밝혔다. 로빈

---

101) 라네즈/나무위키
102) 필리핀에도 'K-뷰티'... 아모레퍼시픽, 라네즈로 '1억 시장' 홀린다/화이트페이퍼
103) 아모레퍼시픽 라네즈, 필리핀 단독매장 오픈/문화저널21

슨스 그룹은 2019년 기준, 쇼핑몰 47개, 백화점 49개, 슈퍼마켓 130개, 편의점 및 전문점 3000개 매장을 운영하고 있다.

당시, 이마트는 2020년까지 필리핀 내 주요 쇼핑몰과 백화점 등에 PB 매장인 '노브랜드'와 화장품 전문점 '센텐스' 매장을 각각 25개씩 모두 50개를 연다는 계획을 밝혔다.

특히 이마트의 코스메틱 브랜드 센텐스는 습하고 더운 필리핀 기후 특성을 반영하여 미백과 자외선 차단 효과를 극대화한 전용 상품을 필두로 하고 있으며, 가격대비 품질이 우수하다는 평가를 받고 있다.[104]

2022년 8월 기준, 필리핀 노브랜드는 약 14호점까지 확장되었으나, 한국 과자 등의 선풍적인 인기와 함께 좋은 품질의 제품을 저렴한 가격으로 구매할 수 있다는 부분에서 선구적인 인기를 끌고 있다.[105]

104) 이마트 '노브랜드' 해외 진출… 필리핀에 50개 매장 연다/파이낸셜 뉴스
105) https://blog.naver.com/lifeinphilippines/222853718130

3. K푸드의 인기

1) 한류열풍으로 더 깊어지는 K푸드의 인기

K푸드 또한 필리핀에서 인기몰이를 하고 있다. 다만 이색적인 것은 비빔밥, 불고기와 같은 전통음식이 아니라 라면, 도시락, 만두 등 간편조리식품이 인기를 끌고 있다는 것이다.

이러한 간편조리식품을 통칭하는 용어가 HMR이다. HMR이란, Home Meal Replacement의 줄임말로, 가정식 대체식품을 뜻하며 일종의 인스턴트 식품을 말한다. 일반적으로 가정에서 음식을 먹을 때의 과정은 식재료 구입→식재료 손질→조리→섭취→정리의 순서로 진행되는데, HMR은 이런 과정에서의 노력과 시간을 최대한 줄이려는 목적으로 만들어졌다. 음식의 재료들을 손질한 후 어느 정도 조리가 된 상태에서 가공·포장되기 때문에 데우거나 끓이는 등의 단순한 조리 과정만 거치면 음식이 완성된다.[106]

K푸드의 인기도 이제는 전통 한국음식이 아닌, 이러한 가정간편식의 개념으로 넘어가고 있는 것이다.

한편, 코로나19 이후 필리핀 외식산업은 2020년 매출액이 전

---

106) HMR/두산백과

년대비 56% 가량 급감하는 등 정부의 지역사회 격리조치로 큰 타격을 입었다. 또한, 코로나19 감염 우려로 소비자들이 대면 거래 및 매장 내 식사를 꺼리게 되면서 배달 서비스의 수요가 급증했다. 하지만, 코로나19로 인해 OTT 시장이 수혜를 받으면서 다양한 한국 드라마가 필리핀 넷플릭스 시청률 1위를 기록하는 등 한류에 대한 관심은 코로나19에도 불구 꾸준한 것으로 나타났다. 이를 반영하듯, 도미노피자와 맥도날드는 한식 퓨전 메뉴를 출시하는 등 한류에 관심이 많은 현지 소비자들을 사로잡기 위한 노력을 보이고 있다.[107]

2) 농심 신라면

K푸드 열풍의 대표적인 예로, 한국적인 매운맛, 농심의 '신라면'이 있다. 농심은 2018년도 해외실적이 2017년도 보다 18% 성정한 7억6000만달러(약 8557억원)를 기록할 전망이라고 밝혔다. 이는 농심의 해외사업 역대 최고 실적이다.

이것은 최근 SNS상에서 번진 'Korean Fire Food Challenge'라는 영상이 인기를 끌면서 열풍을 몰고 왔기 때문이다.

---

107) 필리핀 한류 열풍으로 K-Food, 인기/ AIF

그림 44 농심의 신라면

3) 삼양 불닭볶음면

또한 삼양의 불닭볶음면은 이미 해외팬들에게 잘 알려진 최강
의 매운맛 식품이다. 이는 인기 유튜버 '영국남자'가 한국음식
을 차례대로 먹어보는 과정에서 불닭볶음면을 소개하면서 해
외팬들에게 큰 영향을 주었기 때문이다. 삼양식품의 전체 해
외매출은 2016년 950억원, 2017년 2052억 원으로 늘어나는
쾌거를 거두었다.[108]

---

108) 월드푸드가 된 'K-푸드' TOP 12/이코노믹리뷰

그림 45 삼양의 불닭볶음면

4) 신전떡볶이[109]

떡볶이

치즈떡볶이

그림 46 신전떡볶이 메뉴

매운 맛의 열풍에 이어, 국내에서 인기몰이를 하고 있는 '신

---

109) 신전떡볶이 http://sinjeon.co.kr/doc/menu03.php

전떡볶이'도 필리핀으로 진출했다. 신전떡볶이는 1999년부터 대구 본점을 시작으로 프랜차이즈 사업을 시작했다. 본사 및 물류창고, 양념제조시설 등 기반을 튼튼히 갖추는데 투자한 후 서울에 진출했으며, 현재 전국 가맹점은 600개를 돌파하면서 매장 수 기준 떡볶이 업계 1위로 올라가 있다. 또한 2018년에는 대표 한류브랜드 K푸드 부문에 선정되기도 했다.

이러한 인기에 이어 해외로 영역을 넓히고 있는 신전떡볶이는 현재 필리핀, 베트남, 대만 등 해외 가맹점에도 진출해 있다.110)

5) 무한리필 삼겹살 가게

특히 무한리필 삼겹살이 필리핀에서 큰 인기를 끌면서 비슷한 형태의 식당이 최근 몇 년 사이 크게 증가했다. 무한리필 삼겹살 식당의 경우 1인당 399페소(한화 약 9332원)에서 599페소(한화 약 1만4000원) 사이의 가격을 형성하고 있다. 이는 필리핀 현지 일일 최저임금인 537페소(한화 약 1만2600원)에 맞먹는 수준임에도 삼겹살을 무한대로 먹을 수 있다는 마케팅이 소비자에게 큰 호응을 얻고 있다.

---

110) 2018 대표 한류브랜드 K푸드 부문에 선정된 신전떡볶이/news1뉴스

6) 쇼핑몰 푸드코트

또한 필리핀에는 인구 중 절반 이상을 차지하는 저소득층과 빈곤층을 위해 현지 대형 쇼핑몰 푸드코트에 입점한 한식당들이 생겨났다. 교민들을 대상으로 하는 한식당과는 달리 현지 고객층을 주 타깃으로 200페소(한화 약 4700원) 이하의 저렴한 가격에 한식을 먹을 수 있어 현지에서 인기를 끌고 있다.

7) 도미노피자

그림 47 필리핀 도미노피자

한국식 삼겹살 인기에 힘입어 필리핀 도미노피자는 2020년 삼겹피자(SAMGYUPZZA)를 이벤트로 출시하기도 했다. 도미노피자는 홍보 문구로 '서울의 맛'(Seoulful mix of flavors)

이라는 표현을 사용하며 한식 퓨전 피자임을 강조해 고객들의
눈길을 사로잡았다.

8) 맥도날드[111]

필리핀 맥도날드는 최근 한류 열풍에 힘입어 한식 퓨전 메뉴
인 케이 버거(K-Burger)를 새롭게 출시했다. 신메뉴는 치킨
버거, 소고기버거, 딸기바나나 아이스크림, 허니버터 파이 등
총 4가지로 고추장 소스와 김치 드레싱을 활용한 것이 특징이
다.

맥도날드는 홍보 문구로 '한국의 맛'(Taste of Korea)이라는
문구를 사용하며 한식 퓨전 메뉴임을 강조했다.

9) MOU 체결 사례[112]

다이어트 식품 브랜드 소울네이처푸드가 필리핀 루이스 맥클
린 파 이스트 사와 MOU를 체결했다고 밝혔다. 소울네이처푸
드는 '쏘핏'을 필두로 한 건강한 다이어트 식품을 생산하고

---

111) 필리핀 한류 열풍에 K-FOOD 인기 지속
112) 소울네이처푸드 http://www.sofit.co.kr/main

있는 기업이며, 필리핀 루이스 맥클린 파 이스트 사는 1990 년에 설립된 제품 소싱, 브랜드 개발 및 유통 업체다. 이 두 기업은 쏘핏 더 쉐이크, 젤리퐁 등 총 3가지 품목으로 수출계약을 맺었다.113)

그림 48 소울네이처푸드 다이어트 쉐이크

---

113) 소울네이처푸드, 필리핀 루이스 맥클린 파 이스트 사와 MOU 체결/금
    강일보

4. 한국어 학습 열풍

필리핀에서 한국어 학습열풍이 불고 있다. 주필리핀 한국대사관에 따르면 필리핀 교육부는 국립 중고등학교의 제2외국어 교육과정에 **한국어를 선택과목으로 추가했다**고 밝혔다. 따라서 이제 필리핀 중·고등학생들은 **제2외국어로 한국어를 배울 수 있게 되었다.**

또한 필리핀 교육부는 연내 수도 마닐라에 있는 10개 중·고교를 시범학교로 선정해 한국어를 가르치고 이를 점차 전국으로 확대할 계획이다. 필리핀 국립 중·고교에서는 현재 독일어, 스페인어, 일본어, 중국어, 프랑스어를 선택과목으로 가르치고 있다. 여기에 한국어가 제2외국어로 추가되는 것이다.[114]

한편, 필리핀 교육부는 또 카비테 주(州) 등 필리핀 북부 5개 주로 구성된 칼라바르손 지방 8개 고교로 한국어 교육을 확대하기로 하고 현재 교원을 양성하고 있다. 주필리핀 한국대사관은 이를 위해 현지 교육 당국과 적극적으로 협력하고 있는 상황이다.[115]

---

114) 필리핀 중고교생, 제2외국어로 한국어 배운다/연합뉴스
115) 필리핀 수도권 10개 고교서 한국어 교육…지방으로 확대계획/연합뉴스

1) 비상교육[116)

비상교육은 지난 2022년 3월, 필리핀 기업 Multilingual.INC.
와 한국어 교육 플랫폼 마스터케이 공급 계약을 체결했다.

비상교육은 Multilingual 측에 사이버 어학당 전용 페이지 구
축을 비롯해 학습관리시스템(LMS), 스마트러닝 솔루션(klass),
'master TOPIK' 이러닝 콘텐츠, AI 한국어 발음평가 등
한국어 교육에 필요한 서비스를 제공할 예정이다.

마스터케이가 진출하는 필리핀은 K-콘텐츠에 대한 관심이 높
은 대표적인 곳으로, 이와 맞물려 한국어 교육 수요도 꾸준히
늘고 있다. 2018년에는 한국어가 국·공립 중·고등학교 제2외
국어 교육과정에 선택과목으로 채택됐다. 특히 필리핀 전역
국·공립 고등학교의 지속적인 요청으로 한국어 수업을 시행하
는 학교가 점차 확대되는 추세다.

---

116) 비상교육, 한국어 교육 플랫폼 'master k' 필리핀 공급 계약 체결/
비상

5. 한국 프랜차이즈

1) 커피베이

대표적으로 필리핀에 진출해 있는 한국의 커피 프랜차이즈 브랜드는 '커피베이'이다. 그동안 많은 프랜차이즈 브랜드가 해외진출을 시도해왔지만, 정작 성공적인 결과를 거둔 곳은 많지 않았다. 하지만 커피베이는 미국 월마트 진출에 이어, 필리핀에서도 큰 성공을 거두고 있다.

커피베이는 필리핀의 최대 쇼핑몰인 SM몰에 1호점을 입점 시킨 뒤, 최근에는 세부 아이티 파크에 두 번째 매장을 오픈하였다. 그동안 커피베이는 동남아 시장 진출을 위해 철저한 시장분석과 운영 노하우를 쌓으려고 노력하였으며, 이를 바탕으로 메뉴, 인테리어, 서비스 모두 현지인들로부터 매우 좋은 평가를 받고 있다.[117]

---

117) 커피전문점 커피베이 백진성 대표의 글로벌 창업 전략/매일경제 MBN

커피베이가 두 번째 매장을 오픈한 세부 아이티 파크(CEBU IT PARK)는 필리핀의 실리콘밸리로 불리는 곳으로 입주사 대부분이 미국을 비롯한 서구권에 본사를 둔 외국계 회사이기 때문에 상주 직원들 또한 미국 시각을 기준으로 근무하고 있다는 특징이 있다. 이에 따라 커피베이 2호점은 밤낮 상관없이 활기 넘치는 상권 특성을 고려하여 24시간 운영하는 것을 원칙으로 하고 있다.

또한 아이티파크 내에서도 가장 큰 규모(231.68㎡, 116석)로 운영되고 있으며, 퀄리티 높은 샌드위치와 커피 메뉴들, 무료 와이파이, 파워 아울렛 등의 서비스로 현지인들로부터 호평을 받고 있는 중이다.

한편, 오픈 기념 이벤트를 열어서 초기 고객들을 확보하는 마케팅도 펼치고 있다. 와플, 팬케익, 샌드위치 등 신 메뉴를 포함해 300페소 이상 구매고객 모두에게 쿠폰이 들어 있는 커피베이 보틀을 증정하며, 사용한 쿠폰에 개인정보를 적어 응모하면 추첨을 통해 오토바이(YAMAHA SZ-RR)를 증정하는 등의 내용이다.[118]

---

118) 커피베이 필리핀 2호점 오픈! 필리핀 사업 확장 본격화/MNB 프랜차이즈 창업의 모든 것

2) 서울시스터즈

이번에는 떡볶이 전문 프랜차이즈로 필리핀에 성공적으로 자리 잡은 서울시스터즈의 사례를 살펴보고자 한다.

필리핀에서 월 매출 1억원이 넘는 한국 브랜드를 세 개나 런칭한 서울시스터즈의 안태양 대표는 2010년 필리핀 야시장에서 한국 음식 장사를 처음으로 시작했다. 당시 한류 열풍이 불고 있었기에, 어느 정도의 성공을 기대했지만, 결과는 처참했다.

그러나 그녀는 포기하지 않고, 방법을 고안하기 시작했다. 우선 그녀는 한국 레시피를 바꾸지 않는 전략을 선택했다. 보통 해외에서 한국 음식을 팔면, 외국인 입맛에 맞추어 레시피를 변경하지만, 서울 시스터즈는 '한국에서만 먹을 수 있는 맛'을 강조하며 떡볶이, 튀김 등의 분식류를 팔기 시작했다.

그렇게 '한국의 맛'이 현지인들에게 점차 소문나면서 서울시스터즈 매대를 찾는 사람들이 늘기 시작했다. 또한, 손님들이 늘어나면서 완제품이 아닌 반조리 제품에 대한 니즈가 생겨났다. 이유는 야시장이 매일같이 열리지 않으니 반조리 형태로 보관을 해두었다가 집에서 해먹을 수 있는 패키지가 필요하다는 것이었다. 이러한 니즈를 적극 반영하여 서울시스터즈는 반조리 형태의 패키지도 판매하면서 자신들의 브랜드를 필리핀에 더욱 알리게 되었다.

그녀는 서울시스터즈가 필리핀에서 대표적인 한국 떡볶이 프랜차이즈로 자리매김 할 수 있었던 이유에 대하여 '서울스타일'이라는 이미지가 각인되었기 때문이라고 언급했다. 그리고 해외에서 이와 같은 특색 있는 '브랜딩'이 정말 중요하다고 말했다. 또한 필리핀의 특성상 바이럴 마케팅이 통하지 않는 점도 유의해야 하며, 따라서 브랜드의 정체성에 대해 확실한 답이 나오지 않은 상태에서 가게를 오픈하는 것은 위험할 수 있다고 덧붙였다.[119]

---

119) [사람이 답이다] 필리핀서 이뤄낸 '프랜차이즈 성공기'/이코노믹 리뷰

3) 설빙[120]

그림 51 설빙의 인절미 빙수

한국의 대표적인 디저트 프랜차이즈 브랜드 '설빙'도 필리핀 시장으로 영역을 넓히고 있다. 설빙은 필리핀 기업 번 영 컴버니와 마스터 프랜차이즈 계약을 체결했다고 밝혔다. 그동안 중국, 일본, 태국, 호주, 캄보디아로 진출했던 설빙은 필리핀까지 영역을 확대하면서 총 6개국으로 해외 진출을 하게 되었다. 필리핀 프랜차이즈 시장에서 디저트 류가 각광받고 있는 만큼 설빙의 활약도 기대해볼만 하다.[121]

---

120) 설빙 https://sulbing.com/main.php
121) 설빙, 필리핀 진출 현지기업과 마스터 프랜차이즈 계약 체결/머니투데이

4) 주커피[122]

동물원 콘셉트를 카페에 접목시킨 '주커피(ZOO COFFEE)'도 필리핀에 진출한다는 소식을 전했다. 주커피는 최근 필리핀 캐세이·철강그룹과 프랜차이즈 계약을 체결했다고 밝혔다. 이에 따라 주커피는 중국에 이어 필리핀 마닐라, 보라카이, 세부 등으로 해외진출을 확장하게 되었다. 주커피는 필리핀 프랜차이즈 시장에 '한국 커피전문점'이라는 이미지를 강조하면서도 현지인들의 취향을 적극 반영하는 방법으로 마케팅을 나갈 것이라 밝혔다. 따라서 한국 메뉴와 필리핀 현지 메뉴를 적절히 배분하고, 수준 높은 서비스도 제공할 수 있도록 노력하겠다고 덧붙였다.[123]

---

122) 주커피 http://www.zoo-coffee.com/
123) 주(ZOO)커피, 필리핀 진출…프랜차이즈 계약 체결/연합뉴스

5) 본촌124)

그림 54 본촌 소이갈릭 치킨

본촌치킨은 필리핀 전역에 진출해있는 한국 치킨 프랜차이즈 점이다. 메뉴는 간단하지만, 심플하면서도 중독성 있는 맛에 필리핀 현지인들에게 큰 인기를 얻고 있다. 본촌은 국내에서

---

124) 본촌 http://www.bonchon.co.kr/

는 많이 알려져 있지 않지만, 해외에서 각광받고 있는 프랜차이즈 브랜드이다. 필리핀 외에도 미국, 태국, 인도네시아, 싱가폴, 쿠웨이트 등 전 세계 9개국에 223개 매장이 있다.

한편, 토종사모펀드(PE) VIG파트너스(이하 VIG)가 2018년 11월30일 치킨 및 한식 프랜차이즈 전문기업 주식회사 본촌인터내셔날(이하 본촌)의 지분 55.0%를 인수하는 계약을 체결했다고 밝혔다.

본촌은 그동안 미국에서 직영점을 포함하여 총 85개, 태국과 필리핀을 중심으로 하여 아시아 지역에서 245개의 가맹점을 운영해왔다. 매출은 2018년 기준으로 하여 약 2300억원(전체 매장단 매출 1000억)을 달성하면서 빠르게 성장하였다.

본촌 대표는 이번 인수 계약 건에 대하여 본촌의 세계적인 K-푸드 기업의 위상을 위해 그동안 파트너를 물색해왔다며 VIG가 가장 적합한 상대라고 판단되어 협의를 진행했다고 언급했다.[125]

---

125) VIG파트너스, 치킨·한식 프랜차이즈 본촌인터내셔날 인수/파이낸셜뉴스

6. 뉴클락시티 사업

1) 더샵 클락 힐즈

포스코 건설이 필리핀 '클락'에 '더샵' 브랜드를 2020년 11월 준공했다. 클락은 필리핀 내에서 현재 발전가능성이 매우 큰 도시로 주목받고 있으며, 필리핀 정부는 클락 지역 및 그 주변을 신도시로 개발하기 위한 **'뉴클락시티 개발 프로젝트'**를 진행하고 있다.

더샵 클락힐즈의 구성은 지하 1층~지상 21층, 콘도미니엄 5개 동, 총 522실로 되어 있으며 세대 분리형 아파트이다. 2베드와 스튜디오 타입으로 구성된 세대분리형은 출입문과 주방,

화장실이 각각 배치되어 거주를 하면서 임대가 가능하고 거주하지 않을 경우 2세대를 임대할 수 있다. 또한 부대시설로는 인피니티 풀을 포함하여 비즈니스센터, 피트니스와 사우나, 카페테리아 등이 있고 더위를 피할 수 있는 '워터필드'는 단지 곳곳에 조성되어 있다. 이 밖에도 일몰을 즐길 수 있는 '선셋데크', 이웃 간 친목을 다질 수 있는 공간의 '킨포트 가든'이 마련되어 있다.[126]

포스코는 더샵 브랜드의 해외진출로 필리핀의 '클락'도시를 선택한 이유에 대하여 세 가지 특징을 꼽았다고 언급했다. **첫째, 클락은 필리핀 내 고지대에 위치하고 있어서 '레저도시'로 주목받고 있기 때문이다.** 기온과 습도가 낮고 바람이 풍부하여 연중 쾌청한 날씨가 지속된다.

둘째, 클락은 '특수 경제구역'으로 지정되어 국제도시에 걸맞는 인프라를 갖추고 있기 때문이다. 따라서 대규모 도시개발 사업, 국제공항 및 철도, 고속도로 확장 등의 개발 계획이 예정되었다.

셋째, 클락은 '접근성'이 뛰어나기 때문이다. 인근 3개의 고속도로는 마닐라 국제공항과 수빅항을 빠르게 연결하고 있으며

---

126) 세계 유명호텔 속속 개장, 개발 열풍 부는 필리핀 클락 '더샵 클락힐즈' 주목/헤럴드경제

클락 국제공항은 한국과 중국, 일본, 홍콩, 싱가폴 등의 다양한 국가로 국제선을 운행하고 있다.[127]

2) 블루스카이 Golf&Resort City

필리핀의 뉴클락시티 개발 사업에 한국 기업 최초로 JB Cresta가 BCDA(미군 기지 반환 개발청)와 대규모 토지 계약을 체결했다.

JB Cresta는 클락 프리포트 지역 내에서 포스코건설과 더샵 클락힐즈(총 552세대)를 공동 개발한 시행사로, 필리핀에서 다양한 개발 사업을 하고 있다.

이번에 계약한 전체 2,500,000㎡의 부지에는 골프장 2개 코스와 골프빌리지, 호텔 등이 포함된 블루스카이 Golf&Resort City를 지을 것이고, 2021년 11월 기준, 클락 공항에서 15분 거리의 뉴클락 Blissfield 단지에 36홀 공사가 한창 진행 중이다.

1차 18홀 골프장을 2022년 3월 완공 후 2022년 5성급 Intercontinental 카지노호텔&레지던스, SIX SENSES 빌리

---

127) 더샵클락힐즈 http://www.thesharpclarkhills.com/

지와 상업, 주거단지까지 착공되면 한국기업들의 참여로 여의도 면적의 대규모 랜드마크 복합단지가 필리핀에서 최초로 개발되는 것이다.

개발사업에는 초기 골프장 설계, 시공부터 단지 내 개별 건축물들의 설계, CM, 감리, 시공, 주요자재 공급 등까지 한국 각 분야의 기업들이 참여한다.

교통편으로는 클락 국제 신공항이 완공되었으며, 현재 한국의 건설사들이 시공중인 클락 마닐라 고속철도 공사가 진행되고 있어 2024년 완공 후 클락~마닐라는 1시간으로 단축될 전망이다. 128)

7. 한국전력사업

한국전력공사는 1995년 필리핀 말라야 발전소를 운영하며 처음 필리핀으로 진출하였다. 이후, 2013년에 필리핀 루손 바탄반도지역에 30만kW급의 석탄화력 발전소 건설을 추진하고 있다는 소식도 전해왔다. 이 발전소 건설의 이유는 필리핀에서 어려움을 겪고 있던 한국 기업을 지원하기 위한 것이었다.

---

128) 필리핀 뉴클락시티에 한국기업 참여 대규모 복합단지 개발/ 위키트리 경제

그동안 필리핀에 진출한 한국기업은 조선, 반도체, 철강 등 전력을 많이 필요로 하는 분야의 산업체였기 때문에 전기요금 변동에 따라 수익률에 큰 타격을 받아왔다. 따라서 한전은 발전소를 직접 건설 한 뒤, 소유권을 가지고 운영하는 BOO방식을 추진하면서 한국기업을 지원해왔다.[129]

한편, 2018년도에는 한국전력공사가 필리핀 태양광업체 솔라 필리핀의 지분 인수를 한다는 소식을 전했다. 솔라 필리핀은 동남아 최대 태양광 회사로 필리핀 마카티(Makati City)에 본사를 두고 있다. 현재 회사가 건설·운영 중인 발전사 규모는 총 300MW에 이른다. 루손섬 바탕가스에 63.3MW급 태양광 발전소를 지었고, 민드로섬에 2MW 규모의 태양광 발전을 활용한 마이크로그리드 구축 사업을 진행해왔다. 한전은 이번 인수 건에 대하여 필리핀 시장 진출에 더욱 속도를 내는 계기가 될 것이라고 언급했다.[130] 이어 한전은 필리핀 마닐라에서 2018년 12월 11일 '칼라타간 태양광 발전소' 지분 인수 서명식을 진행하였다. 이번 계약이 성사됨에 따라 한전은 말라야 발전소(중유), 일리한 발전소(가스복합), 나가 발전소(가스 등), 세부 발전소(석탄)에 이어 **신재생에너지 발전 사업**으로 필리핀 전력 사업에 진출하게 되었다.

---

129) 한전, 필리핀 한국기업에 전력 직접공급/문화일보
130) [글로벌-Biz 24]한전, 필리핀 태양광업체 지분 인수/글로벌이코노믹

이곳에서 생산된 전력을 필리핀 국영송전공사에 장기 판매하는 계약도 체결했다. 이에 따라 향후 18년간 총 3,180억원의 매출을 올릴 것으로 보고 있다.[131]

그러나, 2022년 4월 재무구조 개선 차원에서 필리핀 현지 발전소 매각을 검토 중이라는 보도 자료가 나왔다.

한국전력은 2036년 5월까지 25년간 발전소 상업운전을 이어가려 했으나 정부의 에너지 전환 정책에 따른 석탄화력 사업 정리 및 대규모 적자로 인한 재무상황 악화를 타개하기 위해 이 발전소 등의 매각을 검토 중인 것으로 알려졌다.[132]

8. 한국기업 순위[133]

이번에는 필리핀에 진출해 있는 한국기업들의 순위를 살펴보고자 한다. 필리핀의 경제 일간지 Business World는 2018년 1월자로 회계법인 감사 자료에 근거하여 매출액 기준으로 2016년도 필리핀 TOP1000 기업 순위를 발표한 바 있다. 다음은 그 중 한국 기업의 순위를 표로 정리한 자료이다.[134]

---

131) 한전, 필리핀 신재생에너지 발전사업 첫 물꼬/국토일보
132) '올해 14조 적자' 한국전력, 필리핀 발전소 등 자산매각 검토/ 머니투데이
133) 필리핀 기업 TOP 1000 순위/Kotra 해외시장뉴스

순위	회사명	분야	매출액
45	HHIC-Phil., Inc.	조선	37,540
47	Samsung Electronics Philippines Corp	전자,판매	36,065
59	Pepsi-Cola Products Philippines, Inc.(롯데칠성 투자)	식음료	30,362
80	Samsung Electro-Mechanics Philippines Corp.	전기,생산	24,567
113	Hyundai Asia Resources, Inc.	자동차	19,032
217	LG Electronics Philippine, Inc.	전자,생산	10,290
266	SFA Semicon Philippines Corp.	반도체	8,292
316	KEPCO SPC Power Corp.	발전	6,908
451	KEPCO Ilijan Corp.	발전	4,776
455	Daelim Philippines, Inc.	건설	4,743
606	CJ Philippines, Inc.	사료	3,252

표 9 필리핀에 진출해 있는 한국 기업 순위(단위:백만페소)

필리핀 TOP 100 순위 안에 진입해 있는 한국 기업은 한진중
공업(45위), 삼성전자(판매법인, 47위), 롯데칠성이 투자한
Pepsi(59위), 삼성전기 (80위)가 포함되어 있으며, 그 이외

---

134) 자료원: Business world

TOP 1000 순위에는 현대자동차 총판기업(Hyundai Asia Resources, Inc., 113위), LG전자(판매법인, 217위), SFA 반도체(266위), 필리핀에 2개 법인을 운영 중인 한국전력(각 316위, 451위), 대림필리핀(455위), CJ 사료(606)가 있다.

1) 한진중공업(HHIC-Phil., Inc.)[135]

2018년 기준, 한진중공업은 필리핀 내에서 조선분야로 전체 매출액 37,540(단위:백만페소)을 기록하며 45위에 안착하였다. 1972년 민다나오 도로공사를 수주하면서 한국기업 최초로 필

---

135) 한진중공업 http://www.hanjinsc.com/

리핀에 진출하였고, 이후 40여 년간 토목, 건축, 기계 전기를 포함한 종합건설 서비스를 제공해왔으며, 2006년에는 필리핀 수빅자유지역(Subic Freeport Zone)에 필리핀 최대 조선소를 건설하였다. 다음은 수빅조선소에 대한 자세한 내용이다.

필리핀 수빅만 경제자유구역(Subic Bay Special Economic Zone)내에 건설된 한진중공업의 수빅조선소는 세계 10대 조선소의 규모를 자랑하며 고기술, 고부가가치선 건조를 위한 초대형 도크와 골리앗크레인 등의 최첨단 생산 시설을 갖추고 있다. 또한 우기철에 대비한 철제 비가림 시설인 도크 작업 전용 SHELTER를 개발함으로써 시설 효율을 극대화시키고 건조기간을 획기적으로 단축하였다. 수빅조선소는 20,600TEU급 이상의 극초대형 컨테이너선 및 중대형 컨테이너선, 탱커선, 벌크선 등이 주력이다.

DOCK	SHIP TYPE	YEARLY PRODUCT MIX									
		2007	2008	2009	2010	2011	2012	2013	2014	2015	2016
NO.5	CONTAINER CARRIER		Panamax/ Post Panamax								
	C.O.T			Aframax							
	BULKER			Capesize							
	LNG CARRIER						150K LNG				
NO.6	CONTAINER CARRIER				Super Post Panamax						
	C.O.T					300K VLCC					

그림 57 출처: 한진중공업 수빅조선소 개요

그러나 2만 명에 달하는 노동자가 일하며, 한 때 수주량 기준 세계 10위권 조선소로 꼽혔던 수빅조선소는 2019년 자금난에 13억 달러(약 1조 5천원)의 채무를 진 채 미국 사모펀드 서버러스에 매각됐다.[136]

2) 삼성전자(Samsung Electronics Philippines Corp)

2018년 기준, 삼성전자는 필리핀 내에서 전체 매출액 36,065 (단위:백만페소)를 기록하며 47위에 안착하였다.

2022년 1분기 필리핀 스마트폰 시장에서 삼성전자는 점유율 26.4%로 1위를 유지했다. 이는 전년 동기(22.3%) 대비 4.1% 포인트 확대된 수치다.[137]

---

136) 한진중공업 필리핀 수빅조선소, 美 사모펀드, 필리핀 해군에 팔려/ 더구루
137) 삼성전자, 1분기 동남아 시장 꽉 잡았다 필리핀, 베트남, 태국서 1위/

가장 큰 인기를 끈 모델은 2021년 기준, 중저가 스마트폰인 갤럭시 A21, A21s다. 가격은 각각 9900페소(한화 약 24만 원), 1만 1990페소(한화 약 28만원)이다. 코로나19 이후, 전자 상거래와 배달서비스, 전자결제 등 비대면 서비스 수요가 늘면서 중저가 스마트폰에 대한 수요가 증가한 것이 그 이유이다.138)

3) 펩시(Pepsi-Cola Products Philippines, Inc.)

펩시는 필리핀 내에서 전체 매출액 30,362 (단위:백만페소)를 기록하며 59위에 안착하였다. 롯데칠성음료는 2010년에 필리핀의 펩시 공장을 인수한 바 있다. 롯데칠성음료는 PCPPI의 총 발행 주식 36억9377만2279주 중 12억7065만7644주(34.4%)를 인수함으로써 최대주주가 되었다.

아이뉴스24
138) 中리얼미, 오포, 샤오미 비켜!... 삼성전자, 필리핀서 점유율 1위/ 아시아타임즈

지난 1965년 펩시가 설립한 PCPPI는 1985년 보틀링체제로 전환됐다가 1989년에 PCPPI(Pepsi Cola Products Philippines, Inc.)로 사명을 변경했으며 1997년에 Guoco가 참여해 펩시의 필리핀 독점 보틀러로 현재까지 운영되고 있는 45년 전통의 음료회사이다.[139]

또한 펩시(Pepsi-Cola Products Philippines Inc·PCPPI)는 2022년 10월, 세부에 페트(PET) 음료 생산 공장을 업그레이드하기로 발표했다. 현지 음료 수요가 늘어남에 따라 생산 능력 확충하기로 한 행보로 풀이된다.

PCPPI에 따르면 세부 밍글라닐리아(Minglanilla) 공장에 10억 페소(약 243억6000만원)를 들여 PET 음료 시설을 증설했다. 이 공장은 재활용 가능한 PET를 활용해 음료를 생산한다. 완성품은 보홀·시키호르(Siquijor)·마스바테(Masbate) 등 필리핀 남부를 중심으로 유통될 예정이다.

프레더릭 옹 PCPPI 대표이사는 "PET는 전 세계서 재사용률이 가장 높은 플라스틱 재료 중 하나"라며 "밍글라닐리아 공장은 환경오염의 가능성을 줄이고, 플라스틱 자원순환을 활성화한다. 당사는 환경을 위한 가치 소비를 중시하는 소비자의 니즈를 만족시킬 것"이라고 말했다.

---

139) 롯데칠성, 필리핀 펩시 인수…글로벌시장 공략 가속화/아시아경제

밍글라닐리아 공장은 앞서 마볼로에 있었으나 PCPPI의 계획에 따라 1996년 밍글라닐리아로 이전했다. PCPPI는 남부 지역에서의 사업 발전 가능성이 높다고 판단, 보홀과 시키호르, 마스바테 등 주요 도시를 중심으로 사업을 확대해왔다.

한편, PCPPI는 탈 플라스틱, 폐자원 재활용 확대에 방점을 찍고 사회적 책임을 강화하겠단 계획을 세웠다. 2025년까지 플라스틱의 사용량을 35% 줄이겠단 목표다. 먼저 음료 패키지를 재활용이 어려운 PVC에서 재활용할 수 있는 PET로 변경했다.

펩시는 친환경 정책에도 관심을 기울이고 있다. PCPPI는 앞서 나무 심기, 개울 청소 운동 등에 이어 플라스틱 사용량을 줄이기 위한 캠페인을 진행한 바 있다.

4) 삼성전기(Samsung Electro-Mechanics Philippines Corp.)

삼성전기는 필리핀 내에서 전체 매출액 24,567 (단위:백만페소)를 기록하며 80위에 안착하였다. 삼성전기는 1997년 필리핀에 진출하여 2000년부터 적층세라믹콘덴서(MLCC) 등 주요 반도체 칩 부품을 생산하여 해외에 수출 중이며, 약 4,000명의 현지 직원이 근무하고 있다.

한편, 삼성전기 필리핀 법인은 2022년 11월, 필리핀 정부가 수여하는 가장 권위있는 상 중 하나인 최고 기업상을 수상하며 필리핀에서 최고 기업 입지를 다져가고 있다.

또한 삼성전기는 글로벌표준화기구 ISO의 환경인증 ISO14001을 획득했다. 또 에너지 절감, 화학물질 사용량 감소, 수질과 대기오염 방지 위한 기준 준수 등 체계적인 환경 개선으로 우수한 평가를 받았다. 더불어, 자연친화적인 환경을 조성하고 천연자원을 보존하기 위한 나무 심기, 해안 정화 등 지속적인 CSR(기업의 사회적 책임) 활동과 사회적 가치 제고로 솔선수범하는 기업임을 인정받았다. 이 밖에도 저소득층 우수 인력을 발굴, 학습지도 및 장학금을 수여하고 있으며 그중 우수인력은 필리핀 법인에 채용하고 있다.

5) 현대자동차(Hyundai Asia Resources, Inc)

현대자동차 총판기업은 2018년 기준, 필리핀 내에서 전체 매출액 19,032(단위:백만페소)을 기록하며 113위에 안착했다.

2021년, 필리핀의 총 차량 판매 대수는 294,223대로 집계되었다. 2020년에 비해 자동차 판매량이 18.56% 증가했지만, 아직 코로나 사태 발생 이전의 판매량을 회복하지는 못한 상태이다.

자동차 브랜드별 판매 및 시장 점유율 동향을 보면 판매량 상위 10개 기업 중 6개는 일본 기업이다. 현대차의 시장점유율은 3.08%로 시장 판매 8위이다. 자동차 판매 상위 10개 모델 모두 일본 자동차가 차지했다.

현대자동차는 2021년, 완성차 및 부품 판매 법인인 '현대 모터 필리핀(Hyundai Motor Philippines. INC.)'을 설립하고 필리핀 판매 전략을 '직접 판매'로 전환하는 변신을 꾀했다. 현지 딜러사인 하리(HARI)가 운영하는 판매 대리점를 통하지 않고 현지 판매법인(HMPH)을 통해 자동차를 직접 판매하면 현지 시장 변화에 발 빠르게 대응할 수 있게 되는 효과가 있다.140)

6) LG전자(LG Electronics Philippine, Inc.)

LG Electronics Philippine, Inc은 필리핀 내에서 전체 매출액 10,290(단위:백만페소)을 기록하며 217위에 안착하였다.

LG전자는 지난 2008년 미국에서 상업용 세탁기 사업을 시작한 이후 해당 분야 사업을 지속 확대해 왔다. LG전자의 상업용 세탁기와 건조기를 갖춘 빨래방 '론드리 라운지(Laundry

---

140) 필리핀 자동차 시장에도 한류 바람이 불까/ 한국국제문화교류진흥원

Lounge)'는 미국을 비롯해 아시아, 유럽 등 30여 국으로 늘었다.

LG전자는 지난 2021년, 오픈한 필리핀 마닐라의 '스마트 론드리 라운지'를 중심으로 스마트 상업용 세탁기를 본격 홍보해왔다. 제품 공급에 머물렀던 기존과는 달리, 스마트 론드리 라운지는 스마트 솔루션과 매장 디자인 등 제반 솔루션에 LG전자도 참여했다.

스마트 론드리 라운지에는 15kg 용량의 LG 상업용 세탁기와 건조기 각각 10여 대가 배치됐으며, 언택트 트렌드를 고려해 위생과 스마트 기능이 강화됐다. 설치된 상업용 세탁기는 온수세탁 옵션이 탑재돼 살균에 도움을 준다.[141]

7) SFA 반도체(SFA Semicon Philippines Corp.)

SFA 반도체는 2018년 기준, 필리핀 내에서 전체 매출액

---

141) LG전자, 상업용 스마트 세탁기 시장 공략 박차 ... 필리핀이 거점/ 시사 오늘 시사 in

8,292(단위:백만페소)을 기록하며 266위에 안착하였다.

2022년 6월, SFA반도체는 반도체 후공정(OSAT) 핵심 생산 거점인 필리핀 법인장으로 임동환 이사를 신규 선임했다. 글로벌 후공정 사업을 확장하고 생산성을 강화하기 위한 조치다.

임 법인장은 SFA반도체 필리핀 공장에서 생산성 향상을 도모한다. 삼성 반도체, 필리핀 공장 반도체 사업 경험과 관리 노하우를 토대로 필리핀 사업장을 운영할 계획이다.

필리핀 법인은 SFA반도체 후공정 사업을 담당하는 주요 사업장이다. SFA반도체는 중국과 필리핀에서 해외 사업장을 운영한다. 특히 필리핀은 핵심 공장으로 분류된다. 삼성전자와 SK하이닉스 메모리 반도체에서 컴퓨팅, 서버용 D램 메모리 등 수요 증가에 생산 능력을 키우고 생산 실적을 향상하고 있다. 작년 필리핀 법인의 패키지 생산 능력은 전년 대비 30% 증가했다. 실제 생산 수량은 2020년 7억3100만개에서 2021년 9억4700만개로 늘어났다.

SFA반도체는 올해 1분기 매출로 작년 대비 25% 증가한 1743억원을 기록했다. 필리핀 공장 생산성 강화로 실적 확대에 나선다. SFA반도체는 올해 필리핀 법인에 추가 투자할 계획이다. 필리핀 법인에 93억원을 투자할 계획이며, 수요 확대에 투자 규모를 늘려 나갈 가능성도 예측된다.[142]

8) 한국전력(KEPCO SPC Power Corp.)

한국전력공사는 필리핀 내에서 2개 법인을 운영 중이며 각 316위, 451위에 자리하였다. 한전은 1995년 말라야 발전소(중유화력, 650MW) 성능복구 개선사업을 계기로 필리핀 시장에 진출하였으며 현재 일리한 가스복합화력발전소(1,200MW)와 세부 석탄화력 발전소(200MW)를 운영하며 필리핀의 4대 발전사 중에 하나로 자리매김하였다.

그러나 최근 한국전력은 필리핀 정부의 에너지 전환 정책에 따른 석탄화력 사업 정리 및 대규모 적자로 인한 재무상황 악화를 타개하기 위해 이 발전소 등의 매각을 검토 중인 것으로 알려졌다.[143]

---

142) SFA반도체, 필리핀 법인장 신규 선임/ 전자신문
143) '올해 14조 적자'한국전력, 필리핀 발전소 등 자산매각 검토/ 머니투데이

06. 필리핀의 산업

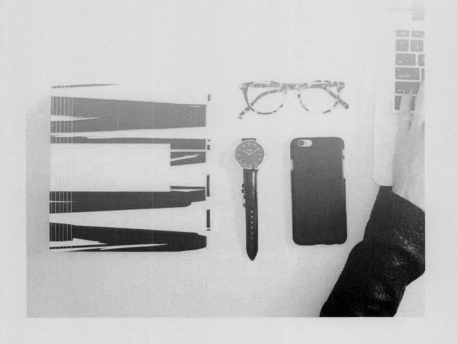

VI. 필리핀의 산업

1. 필리핀의 프랜차이즈

필리핀 프랜차이즈 산업 시장은 성장초기에는 식품 및 레스토랑이 전체 프랜차이즈의 70% 이상을 차지하였다. 그러나 다수의 성공사례가 나타나고 프랜차이즈 사업이 확장되면서 약국, 편의점, 체육시설, 미용실, 등 다양한 분야의 프랜차이즈가 도입되고 있다. 2011년에 필리핀 프랜차이즈 협회에서 발표한 자료에 따르면 필리핀 프랜차이즈 산업은 크게 외식(42%), 소매유통(34%), 서비스 (24%)로 구성되어 있으며 외식 부문의 비중이 점점 줄어드는 반면, 소매유통 및 서비스 프랜차이즈가 증가하고 있는 추세다.[144]

구분	2000년	2011년	2018년
기업수(개사)	598	1,300	2,000
가맹점수(개)	30,498	125,000	200,000
종업원수(명)	274,482	1,031,000	1,200,000
매출액(US$)	30억	110억	210억

표 10 자료원: 필리핀 프랜차이즈 협회 (PFA)

---

144) 2018년 필리핀 프랜차이즈 시장 규모, 전년대비 20% 성장 전망 /Kotra 필리핀 마닐라 무역관

1) Jollibee

졸리비(Jollibee)는 필리핀의 햄버거 전문 패스트 푸드 프랜차이즈점이다. 1978년에 케손시티에서 처음 문을 열었다. 초기에는 아이스크림 전문점으로 시작했으나, 핫 샌드위치, 스파게티와 햄버거, 햄버그 스테이크 등을 파는 패스트푸드점으로 변경되었다. 이후 점점 확장되어서 미국, 유럽, 중국까지 해외로 영역을 넓히고 현재는 전 세계에 3,000여개의 매장을 운영하고 있다. 필리핀 내에서는 맥도날드보다 더 큰 인기를 누리고 있는 패스트푸드점이다.[145]

졸리비의 메뉴 중 특이한 것은 치킨과 밥을 같이 세트메뉴로 구성한 점이다. 또한 필리핀 내에서는 현지인들이 졸리비를

---

145) 졸리비/나무위키

패밀리 레스토랑과 같이 인식하기도 하는데, 그런 니즈를 반영하여 함박스테이크와 스파게티, 밥 등을 세트 메뉴로 제공하기도 한다. 146)

그림 66 졸리비 메뉴

나머지 메뉴는 일반 패스트푸드점과 같이 햄버거, 아이스크림과 프렌치프라이 등의 사이드 메뉴, 치킨, 핫도그, 샌드위치 등이 있다.

---

146) 졸리비메뉴 https://www.jollibee.com.ph/menu/chicken/

2) Mang Inasal[147]

망이나살(Mang Inasal)은 졸리비 다음으로 필리핀에서 많이 볼 수 있는 외식 프랜차이즈점이라 할 수 있다. 다수가 마닐라에 몰려있으며, 전국적으로 500개 이상의 지점이 있다고 한다. 망이나살은 2003년에 젊은 청년 사업가 에드가 시아가 일로일로 지역에서 처음 시작하였다. 이나살은 필리핀어로 바비큐를 뜻한다. 따라서 망이나살의 대표메뉴는 창업가가 직접 개발한 특제 소스 양념을 바르고 숯불에 구워낸 바비큐이다. 망이나살의 음식은 저렴하고 빠르게 나오는 특징 때문에 필리핀에서 인기를 얻기 시작했다.

이후 망이나살이 빠르게 성장하자, 필리핀 최대의 식품회사

147) 망이나살 https://www.manginasal.com/menu/

졸리비 그룹이 망이나살을 인수해서 지금은 졸리비의 계열사가 되었다.

한편, 망이나살은 필리핀의 식문화를 이해하기에 좋은 곳이다. 기본가격은 99페소(약 2200원) 정도하고, 세트메뉴는 돼지고기나 닭고기 바비큐와 밥이 함께 구성되어 있다. 맛은 달고 짠 편이며, 특이사항은 밥통을 들고 다니며 양껏 무한 리필을 해주는 직원을 볼 수 있다는 점이다. 24시간 영업하며 저렴한 가격에, 즉석에서 숯불에 구워주는 바비큐를 즐길 수 있다.

3) Gerry's Grill[148]

---
148) 게리스 그릴 http://gerrysgrill.com/ph/#menu

게리스 그릴도 필리핀 내에서 소문난 프랜차이즈 점으로, 필리핀 전역에 자리 잡고 있다. 시푸드나 돼지고기 등의 그릴 요리를 주 메뉴로 하고 있다. 시푸드 그릴메뉴로는 주로 오징어 요리가 대표적이며 가격은 350페소 정도 한다. 또한 돼지고기 요리는 꼬치 2개가 기본으로 나오며 약 145페소 정도 한다. 그 외에 치킨 케밥, 크랩 볶음밥, 마늘 밥 등의 다양한 메뉴가 있다.

4) Chowking[149]

---

149) 차우킹 https://www.chowkingdelivery.com/home

차우킹(Chowking)은 필리핀의 레스토랑 프랜차이즈점이다. 패스트 푸드 서비스와 중극 음식 메뉴를 결합한 것이 특징이다. 주로 누들과 딤섬을 기본으로 하고 있으며, 중국식 치킨과 스프링롤을 곁들인 세트 메뉴도 제공하고 있다.

그림 70 차우킹 메뉴

빠르고, 저렴하고, 푸짐하며 배달 또한 가능해서 근처 숙소에 묵고 있는 여행객들이 많이 찾는 프랜차이즈 점이다. 미국, 중동, 인도네시아에도 진출하여 세계적으로 영역을 넓혀나가고 있다. 특히 필리핀 빙수로 유명한 '할로할로'를 파는 곳들 중 가장 맛있다는 호평을 받고 있기도 하다.

SuperSangkap Halo-Halo (with Ice Cream) ✖

With a tower of 14 ingredients - ube ice cream, macapuno, ube halaya, leche flan, sweetened bananas, pandan jelly, sago, garbanzos, mongo, yellow beans, nata de coco, pinipig, sweet milk and shaved ice - It's easy to see why Chowking Halo-Halo is truly a refreshing dessert. Tunay na umaapaw sa sangkap at sa sarap!

그림 71 차우킹 할로할로

5) Bo's coffee[150]

보스커피는 필리핀의 로컬 커피 브랜드이다. 곳곳에 프랜차이즈점이 있어서 어디에서도 어렵지 않게 보스커피를 찾을 수 있다. 보스커피의 특징이라고 하면, 저렴한 가격에 다양한 메뉴를 맛볼 수 있다는 점이다. 쾌적하고 넓은 인테리어도 호평을 받는 이유 중 하나이다.

아래에서 보는 사진과 같이 보스커피는 커피 뿐 아니라 다양한 사이드 메뉴를 판매하고 있다. 오믈렛, 팬케익, 파스타, 샌드위치 등의 아침식사 또는 브런치 메뉴와 다양한 종류의 조

---

150) 보스커피 https://www.boscoffee.com/

각케익, 페스츄리, 쿠키 등의 디저트 메뉴도 있다. 약 130페소정도의 저렴한 가격에 조각 케익을 주문할 수 있다.

또한, 필리핀에서 생산된 최고의 커피 빈만을 사용해 신선한 커피 맛을 즐길 수 있다. 보스커피는 필리핀 지역의 커피 농가를 지원하고 있다는 점에서도 주목할 만하다. 매장 분위기도 스타벅스나 커피빈에 뒤지지 않는 데다 와이파이가 무료라는 큰 장점 때문에 한국 사람들도 많이 찾는다.[151]

151) 필리핀 프랜차이즈 레스토랑 베스트 9/ 네이버 지식백과

6) Shakey's[152]

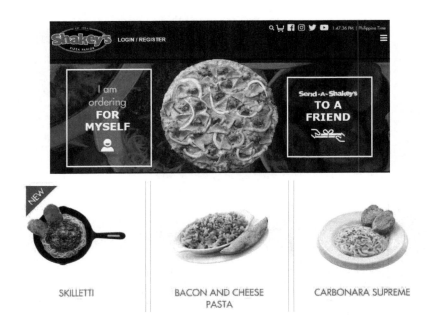

SKILLETTI

BACON AND CHEESE
PASTA

CARBONARA SUPREME

필리핀에서 인기 있는 피자 프랜차이즈점으로 Shakey's가 있다. 필리핀 로컬 프랜차이즈는 아니고, 미국 캘리포니아주 로스엔젤레스에 본사가 있는 피자 전문 체인점이다. 1954년에 처음 영업을 시작했으며, 현재 60개국에서 500여개의 체인을 운영하고 있다. 매우 다양한 종류의 피자를 판매하고 있으며, 치킨과 파스타, 스프, 샐러드 등 다양한 사이드 메뉴도 있다. 도우의 두께를 선택할 수 있으며 아낌없이 올린 다양한 토핑

---

152) Shakey's https://www.shakeyspizza.ph/menu/pasta

으로 피자 맛에 있어서는 매우 좋은 평가를 받고 있다. 패밀
리 레스토랑의 분위기가 난다.

153)

그림 76 필리핀의 shakey's 프랜차이즈점

7) Yellow Cab154)

옐로우 캡 피자는 미국의 택시회사를 모티프로 하여 필리핀
현지인들에게도 인기가 많은 피자 프랜차이즈 점이다. 피자의
종류는 Legendary, Signature, Classic 으로 나뉘어져 있으

153) Mike Gonzalez (TheCoffee)
154) Yellow cab https://www.yellowcabpizza.com/

며 많은 종류의 피자가 다양하게 제공되고 있다.

특이하게 말아서 '롤'로 즐기는 롤피자도 판매되고 있다. 그
밖에 사이드 메뉴로 파스타와 핫 치킨 등이 있다.

8) Andok's[155]

Porkchop Meal

Dokito Meal

Chicken BBQ with Rice

Bicol Express with Rice

155) Andok's https://andoks.com.ph/

안독스는 치킨, 바비큐 등을 판매하는 필리핀 프랜차이즈 점으로 망이나살과 쌍벽을 이룬다. 망이나살에 비해 매장이 작고, 어떤 곳은 서너 테이블만 두고서 테이크아웃 판매에 집중하기도 한다. 필리핀의 대표적인 로컬 요리들도 저렴한 가격에 맛볼 수 있다.156)

구성은 크리스피 치킨 또는 바비큐와 소스, 밥이 세트로 제공된다. 저렴한 가격에 필리핀 현지의 음식 맛을 느낄 수 있으며, 메뉴가 다양하다. 매장 안에서 바비큐가 구워지는 과정을 볼 수 있는 것이 특징이다.

---

156) 필리핀 프랜차이즈 레스토랑 베스트 9/ 네이버 지식백과

2. 필리핀의 호텔·리조트

1) 마닐라

(1) The Manila Hotel[157]

마닐라호텔(The Manila Hotel)은 5성급 호텔로 1912년에 지어진 100년의 역사를 가진 호텔이다. 각국 대통령들이 필리핀에 오면 이곳에 묵을 만큼, 전통을 지니고 있다.

호텔에서 1.7km 거리에 유나이티드네이션스 LRT 역이 있으

---

157) 마닐라호텔 https://manila-hotel.com.ph/

며, 걸어서 20분이면 마닐라 대성당이 있는 인트라무로스 지역까지 갈 수 있다. 차로 10분이면 로빈슨 플레이스에 도착할 수 있으며, 니노키 아키노 공항은 9km 거리에 있다. 모든 객실에 주문형 영화 서비스, 주방, 커피/차 메이커 등이 구비되어 있고, 뷰티살롱, 실외 풀, 미용실 또한 완비되어 있다. 호텔 내부에는 The Mabuhay Palace, The Tap Room 등 식사를 할 수 있는 레스토랑과 바가 여러 개 있다.[158]

(2) Makati Shangri-La Manila[159]

158) 마닐라 호텔/네이버 호텔 정보
159) 샹그릴라 호텔 https://www.shangri-la.com/

마카티 샹그릴라 호텔은 마닐라 비즈니스 수도 마카티의 최고 급 5성급 특급 호텔이다.

대가족이나 소가족을 모두 수용할 수 있는 시설과 서비스를 제공하고 있으며, 보육 서비스 및 활동, 키즈풀도 이용 가능 하다. 현대적인 객실에는 에어컨이 완비되어 있으며 스파 시 설, 슬리퍼, 미니 바도 마련되어 있다. 모든 객실에 헤어드라 이어, 목욕 가운, 샤워 시설 등이 갖춰진 전용 욕실이 딸려 있다.

호텔에서 도보로 5분 거리에는 아얄라 센터, 글로리에타 등이 있어 마카티 시티 지역을 관광하기에 최적의 위치를 자랑하고 있으며, 아얄라 트라이앵글, 그린벨트, 필리핀 스톡 익스체인 지까지 도보로 10분 정도 소요된다.[160]

(3) Diamond Hotel Philippines[161]

다이아몬드 호텔은 1993년에 오픈한 필리핀의 5성급 호텔이 다. 25년이 넘은 역사를 가지고 있는 이 호텔은, 필리핀의 대 표적인 호텔로 많은 여행객들에게 인기가 높으며, 마닐라 베

---

160) 마카티 샹그릴라/네이버 호텔 정보
161) 다이아몬드 호텔 https://www.diamondhotel.com/

이를 정면으로 볼 수 있어서 방송촬영장소로도 유명하다.

페드로 길 LRT 역까지는 걸어서 10분이면 갈 수 있으며, 로
빈슨 플레이스까지는 700m 떨어져 있다. 또한 마닐라 대성당
까지는 차로 10분이 채 소요되지 않으며 니노이 아키노 국제
공항까지는 8km 떨어져 있다.

내부 시설은 수영장, 스파, 테니스코트, 사우나, 비즈니스 센
터, 컨시지어 서비스 등이 갖추어져 있으며 1층에 위치한 일
식당과 전반적인 레스토랑 시설에 대한 평이 좋은 편이다.[162]

---

162) 다이아몬드 호텔/네이버 호텔 정보

(4) New World Manila Bay Hotel[163]

뉴월드 마닐라 베이 호텔은 필리핀 말라떼에 위치하고 있는 5성급 호텔이다. 골프여행 혹은 관광여행을 할 때 적합하며 카지노를 보유하고 있다는 것이 특징이다.

이 호텔은 로하스 거리에 위치해 있고, 인트라무로스, 필리핀 국제 컨벤션 센터에서 매우 가까운 곳에 위치해 있다. 주변 지역은 쇼핑하기 좋은 곳으로 알려져 있고, 파세이 시티 및 마카티 시티까지 자동차로 쉽게 갈 수 있다. 니노이 아키노 국제공항까지는 차로 약 30여 분 걸린다.

내부 시설은 가족 여행객들을 위한 객실이 준비되어 있고, 아

---

163) 뉴월드마닐라베이호텔 https://newworldhotels.com/en/

이 돌봄 서비스, 키즈풀 등의 시설을 이용할 수 있으며 사우나, 실외풀, 거품욕조 등이 있다. 클럽라운지를 이용할 수 있다는 것도 특징이다.[164]

(5) The Peninsula Manila[165]

더페닌슐라마닐라 호텔은 마카티 시티에 자리하고 있으며, 30여 년의 오랜 역사를 가지고 있다. 따라서 전체적으로 중후하고 멋스러운 유럽고궁의 분위기를 풍기고 있다. 2개의 타워에 500여 개 객실을 갖추고 있고, 외관과 인테리어 곳곳에서 오랜 세월의 흔적이 느껴진다.[166]

164) 뉴월드마닐라베이호텔/네이버호텔정보
165) 더페닌슐라마닐라
https://www.peninsula.com/en/manila/5-star-luxury-hotel-makati
166) 더페닌슐라마닐라/저스트고관광지

내부 시설은 나이트클럽, 뷰티센터, 5성급 객실 및 시설, 데이
스파, 수영장, 사우나, 미용실 등이 있으며 키즈풀, 아이돌봄
서비스도 이용가능하다. 호텔에서 걸어서 10분 이내 거리에
필리핀 스톡 익스체인지, 아얄라 센터, 글로리에타 등이 있어
마카티 시티 지역을 관광하기에 좋은 위치다. 그린벨트 및 아
얄라 MRT 스테이션까지 도보로 20분이면 도착할 수 있
다.167)

(6) Hyatt Regency Manila, City of Dreams168)

167) 더페닌슐라마닐라/네이버호텔정보
168) Hyatt Regency Manila, City of Dreams
https://www.hyatt.com/en-US/hotel/philippines/hyatt-regency-mani
la-city-of-dreams/mnlhy

하얏트 시티 오브 드림스 마닐라 호텔은 파라나키 시티에 자리하고 있으며, 니노이아키노국제공항에서 차로 25분이 소요된다.

주변에 리잘 공원, 필리핀 문화센터 등이 있어서 관광하기 편리하기도 하다. 그 밖에도 직원들이 투어 데스크에서 파라나키 시티 투어 및 여행 활동을 도와주는 서비스도 제공된다.

내부시설은 카지노와 나이트클럽, 랩 풀이 완비된 피트니스센터 등이 있으며 익스프레스 체크인/체크아웃 서비스를 이용할 수 있고, 전 객실에 객실 무료 무선 인터넷, 미니 바, 전용 욕실 등이 갖추어져 있다.

또한 여러 개의 식당이 있어서 취향대로 이용 가능하며, The Café 에서는 다국적, 현지 요리를, The Lounge에서는 다국적, 현지 식사를 맛볼 수 있다.[169]

(7) Fairmont Makati[170]

페어몬트 마카티 호텔은 필리핀 마닐라 마카티 시티에 자리하

---

169) 하얏트 시티 오브 드림스 마닐라/네이버호텔정보
170) 페어몬트 마카티 https://www.fairmont.com/makati/

고 있는 5성급 호텔이다. 스파, 웰니스센터, 루프탑 테라스, 실외 풀, 사우나가 마련되어 있으며 익스프레스 체크인/체크아웃 서비스를 이용 가능하고 미팅룸이 24시간 운영된다.

호텔에서 도보로 5분 거리에는 글로리에타, 그린벨트, 아얄라 센터 등이 있어 쇼핑과 관광을 하기에 좋은 위치에 자리하고 있다. 또한 걸어서 가까운 거리에 아얄라 트라이앵글, 필리핀 스톡 익스체인지 등이 있다.[171]

(8) Pan Pacific Manila[172]

171) 페어몬트 마카티/네이버호텔정보
172) 팬 퍼시픽 마닐라
 https://www.panpacific.com/en/countries/philippines.html

팬퍼시픽마닐라호텔은 말라테 지역 중심지인 아드리아티코 거리에 있어 위치적으로 매우 편리한 호텔이다. 한식, 중식, 일식, 현지식 등 다양한 음식을 선보이는 자체 레스토랑이 있으며 크지 않은 규모 안에 다양한 시설을 갖추고 있다.

가격대비 시설이 좋다는 평가를 받고 있다.[173] 이 호텔은 페드로 길 LRT 역에서 도보 10분 거리에 있으며 도보 5분 거리에 있는 로빈슨 플레이스에서 쇼핑을 즐길 수도 있다. 또한, 마닐라 니노이 아키노 국제공항에서 자동차로 25분이 소요되며, 우아한 분위기의 객실이 236개 있다.[174]

(9) Manila Marriott Hotel[175]

173) 팬퍼시픽호텔/저스트고 관광지
174) 팬퍼시픽마닐라/네이버호텔정보
175) 마닐라 메리어트 호텔

마닐라 메리어트 호텔은 메트로마닐라주의 파세이 시티에 있는 5성급 호텔이다. 이 호텔에서 니노이아키노국제공항까지는 자동차로 15분 정도 소요되며, 내부시설은 피트니스센터, 거품욕조, 수영장, 실외 풀, 뷰티살롱, 사우나 등이 있으며 해양 스포츠, 스쿠버 다이빙 등 다양한 레저 스포츠를 경험할 수 있다. 또한 Cru Steakhouse에서 간편하게 식사를 즐길 수 있다.176)

https://www.marriott.com/hotels/travel/mnlap-manila-marriott-hotel/
176) 마닐라 메리어트 호텔/네이버호텔정보

(10) I'M hotel[177]

아임호텔은 마닐라주 마카티 시티에 있는 5성급 호텔이다. 이 호텔에서 도보로 20분 거리에는 부엔디아 MRT 스테이션이 있다.

전체적으로 우아한 분위기이며, 리셉션을 24시간 운영하고 있고, 실외 풀, 아이 돌봄 서비스, 컨시어지 서비스 등이 제공되고 있다.[178]

---

177) 아임호텔 https://imhotel.com/
178) 아임호텔/네이버호텔정보

2) 세부

(1) JPark Island Resort and Waterpark Cebu[179]

J파크 아일랜드 리조트&워터파크는 세부 라푸라푸 시티에 위치한 막탄 섬 해변에 자리하고 있는 5성급 리조트이다. 리조트에서 도보 5분 거리에는 막탄 섬 아쿠아리움이 있고, 정글 문화 엔터테인먼트 센터도 있다.

또한 아얄라 몰 세부는 차로 45분 거리에, 세부 막탄 공항은 차로 20분 거리에 위치하고 있다. 워터파크 내에 작은 폭포와 풀 바가 마련되어 있는 아일랜드 풀이 있으며 아마존 리버라

179) Jpark Island Resort https://www.jparkislandresort.com/cebu/

는 유수풀도 마련되어 있고, 다양한 워터 슬라이드도 즐길 수 있다.180)

(2) Movenpick Hotel Mactan Island Cebu181)

세부 라푸라푸시티에 자리한 뫼벤픽 호텔 막탄 아일랜드는 5성급 리조트이다. 이 리조트는 마젤란 성지에서 도보거리에 위치하고 있다. 이용 가능한 시설로는 전용 비치와 야외 수영장, 야외 테니스 코트, 무료 셔틀버스, 이그제큐티브 플로어 등이 있으며 대가족이나 소가족 모두 수용할 수 있는 시설과 키즈클럽, 키즈풀도 제공되고 있다.

내부에는 미니 바, 전용 발코니, 냉장고 등이 완비되어 있으며 저녁식사가 가능한 Ibiza Beach Club 및 Sails 레스토랑이 있다.182)

---

180) Jpark Island Resort/네이버호텔정보
181) Movenpick Hotel Mactan Island Cebu
 https://www.movenpick.com/en/
182) 뫼벤픽 호텔 막탄 아일랜드 세부/네이버호텔정보

(3) Crimson Resort And Spa Mactan[183]

크림슨 리조트 앤 스파 막탄은 라푸라푸 시티에 자리한 필리 핀의 대표적인 5성급 리조트이다. 마젤란 성지에서 차로 가까운 거리에 위치하고 있다. 이용 가능한 시설은 전용 비치, 인 피니티 풀, 뷰티살롱, 플런지 풀 등이 있으며, 리조트 내부에 마련된 Enye에서는 스페인 음식을 맛볼 수 있고, 스포츠 바도 제공되고 있다. 크림슨 리조트 앤드 스파 막탄은 올랑고 섬 인근을 관광하기에 좋은 위치에 자리하고 있다.[184]

---

183)크림슨 리조트 앤 스파 막탄
https://www.crimsonhotel.com/mactan/

3) 앙헬레스

(1) ABC Hotel Angeles City[185]

ABC Hotel Angeles City는 필리핀 앙헬레스에 자리한 5성급 호텔이다. 이 호텔은 앙헬레스의 주요 관광 명소를 구경하기에 좋은 곳에 위치하고 있다. 차로 조금만 운전하면 SM 시티 팜팡가, 포트 스토첸버그까지 이동할 수 있다. 익스프레스 체크인/체크아웃, 컨시어지 서비스, 마사지 서비스등을 이용할

184) 크림슨 리조트 앤 스파 막탄/네이버 호텔 정보
185) ABC Hotel Angeles City https://www.abchotel.ph/

수 있으며, 피트니스 센터, 사우나 및 실외 풀이 완비되어 있
다. 또한 호텔 내부에 마련된 VariAsia Restaurant에서 프랑
스, 다국적 아시아 음식을 즐길 수 있다.[186]

(2) Central Park Tower Resort[187]

센트럴 파크 타워 리조트는 필리핀 앙헬레스에 자리하고 있는
4성급 호텔이다. 마찬가지로 앙헬레스의 주요 관광 명소를 구

---

186) ABC Hotel Angeles City/네이버호텔정보
187) Central Park Tower Resort http://www.cpangeles.com/

경하기에 좋은 위치에 있으며, 차로 조금만 운전하면 포트 스토첸버그까지 이동할 수 있다.
호텔에는 190개의 객실이 있으며, 미니 바, 노트북 금고 및 케이블/위성 채널도 완비되어 있다.

레스토랑에서는 현지음식을 제공하고 있으며 야외 테라스에서 음식을 즐길 수 있다.[188)

---

188) Central Park Tower Resort /네이버호텔정보

4) 다바오

(1) Marco Polo Davao[189]

마르코 폴로 다바오는 필리핀 다바오에 위치한 5성급 호텔이다. 피플스 파크, 아네테오디다바오대학교 등과 같은 다바오의 관광 명소가 호텔에서 가까운 거리에 있으며, 프란시스코 방고이 국제공항까지는 차로 30분이 채 소요되지 않는다.

이용 가능한 시설은 실외 풀, 사우나, 거품 욕조, 피트니스 센터, 키즈클럽 등이 있으며 호텔 내부에 Marco, Polo Bistro

189)마르코폴로다바오
https://www.marcopolohotels.com/en/index.html

등의 레스토랑이 갖추어져 있고, Eagle Bar에서는 음료를 즐
길 수 있다.190)

(2) Seda Abreeza191)

Seda Abreeza는 필리핀 다바오에 위치한 4성급 호텔이다.
호텔의 객실은 186개가 있으며, 피트니스 센터, 실내 수영장,
키즈풀, 카페 등의 시설이 구비되어 있다.

또한 환전과 아이돌봄 서비스, 리셉션도 24시간 운영하고 있

---

190) 마르코 폴로 다바오/네이버호텔정보
191) 세다 아브리자 https://abreeza.sedahotels.com/

다. 식사는 호텔 내에 있는 Misto 레스토랑에서 즐길 수 있다. 이 호텔의 가까운 거리에는 유니버시티 오브 민다나오, 아네테오디다바오대학교 등이 있다.[192]

5) 바기오

(1) Camp John Hay[193]

캠프존헤이는 필리핀 바기오 시티에 위치한 5성급 호텔이다. 이 호텔에서 가까운 거리에는 SM 시티 바기오, 캠프 존 헤이, 필리핀바구이오 대학교 등이 있다.

---

192) 세다 아브리자/네이버호텔정보
193) Camp John Hay https://campjohnhay.ph/

이용 가능한 시설은 데이 스파, 뷰티살롱, 사우나, 마사지 등이 있으며 18홀 골프코스 및 룸서비스, 컨벤션 센터 등의 시설과 서비스도 제공하고 있다.[194]

6) 바콜로드

(1) Planta Centro Bacolod Hotel & Residences[195]

플랜타 센트로 바콜로드 호텔은 필리핀 바콜로드에 위치한 4성급 호텔이다. 이 호텔 주변에는 유니버시티 오브 상 라 살레-인티그레이티드 스쿨, 유니버시티 오브 상 라살, 캐피톨 파크 앤드 라군 등의 시설이 있으며 차로 약 20분이 소요된다.

---

194) 캠프존헤이/네이버호텔정보
195) Planta Centro Bacolod Hotel & Residences
http://www.bacolodplantahotel.com/

이용 가능한 시설로는 카페, 뷰티살롱, 24시간 룸서비스, 내부 레스토랑 등이 있다.[196]

(2) L'Fisher Hotel Bacolod[197]

르피셔 호텔 바콜로드는 필리핀 바콜로드에 위치한 3성급 호텔이다. 이 호텔은 바콜로드의 유명한 관광지의 중심에 있기 때문에 이 주변을 관광하고자 하는 투숙객들이 많이 이용하는 편이다. 캐피톨 파크 앤드 라군까지 도보로 10분이면 갈 수 있으며 유니버시티 오브 상 라살, 유니버시티 오브 상 라 살레-인티그레이티드 스쿨, 산세바스티안 커시드럴 등을 방문할 수 있다.

196) 플랜타 센트로 바콜로드 호텔/네이버호텔정보
197) L'Fisher Hotel Bacolod https://www.lfisherhotelbacolod.com/

실외 풀, 사우나, 무료 와이파이 등을 이용할 수 있으며, 호텔 내의 레스토랑에서 제공하는 현지 식사를 야외 테라스에서 즐길 수 있다.198)

---

198) L'Fisher Hotel Bacolod/네이버호텔정보

3. BPO산업[199]

BPO산업이란 **Business Process Outsourcing**의 줄임말로, 회사의 핵심 업무를 제외한 전 과정을 외부 업체에 맡기는 아웃소싱 방식을 말한다. 따라서 비용절감을 위해 일부의 단순 업무를 위탁하는 기존의 아웃소싱 개념과는 구분된다고 볼 수 있다.

아웃소싱에는 BPO방식 외에도 ASP(Application Service Providin g)나 BSP(Business Service Providing) 등 매우 다양한 방식이 있다.

ASP 방식은 표준화된 프로그램 상품을 아웃소싱해 내부인력이 특정 부문을 운영하는 것을 말하고, BSP 방식은 고객의 니즈를 고려해 새로 설계 된 고객맞춤형 프로그램을 아웃소싱해 기업이 이를 직접 운영하는 것을 말한다. 반면, BPO는 기획 단계에서부터 운영, 모니터링까지의 전 과정을 외부 업체가 수행하도록 위탁하는 업무처리 방식이다.[200] 따라서 기업들이 BPO를 활용할 경우, 고객 콘택트 센터, 공급망까지도 아웃소싱을 통해 운용하게 된다.

---

199) 2021년 필리핀 BPO 산업 정보/ Kotra 해외시장뉴스
200) BPO/한경 경제용어사전

포레스터리서치(Forester Research)가 포천 500대 기업의 최고정보책임자(CIO)를 대상으로 한 설문조사 결과를 보면 전체의 79%에 이르는 기업들이 BPO를 택해 기업을 운영하고 있다고 한다. 국내기업 중에는 LGCNS, 액센츄어 등이 BPO 시스템을 개발, 도입해 운영하고 있다.201)

한마디로 글로벌하게 운영되는 기업들의 외주 고객센터나 IT를 기반으로 하는 하청업체를 말한다. BPO는 전세계적으로 빠른 성장세를 나타내는 산업으로 현재 세계시장규모가 4,500억 달러(500조)에 이른다.

현재 BPO 시장을 선도하고 있는 국가는 필리핀과 인도이며 2010년 이전에는 필리핀의 BPO 시장 점유율이 인도에 훨씬 못 미치는 수준이었지만 2010년을 기점으로 필리핀의 BPO 시장 점유율이 가파른 성장세를 보이며 현재는 인도와 대등한 수준의 시장 점유율을 보이고 있다.

BPO는 주로 인사, 급여계산, 자료입력 등의 업무를 다루는 인사총부 분야와 콜센터, 소프트웨어의 프로그래밍 등 컴퓨터나 인터넷 기술과 관련된 업무를 다루는 IT, 두 가지 분야로 나뉜다.

---

201) BPO/매일경제, 매경닷컴

필리핀에서는 최근 이러한 BPO산업이 각광받고 있으며, 분야는 주로 IT에 집중되어 있다. 그 중에서도 필리핀 내 BPO기업은 콜센터가 큰 비중을 차지하고 있다. 다음은 필리핀 내 BPO 산업 일자리 현황에 대한 자료이다.[202]

구분 (명)	종합	콜센터	의료 처방	컴퓨터 관련	애니메이션 제작
근로자	575,600	504,227	2,727	66,988	1,657
채용수요	230,025	217,058	527	12,431	9

표 11 필리핀 내 BPO산업 일자리 현황(2016년 기준)

필리핀의 BPO산업이 가파른 성장을 보인 배경에는 필리핀 국민들의 영어사용 능력과 풍부한 노동력, 저렴하고 안정된 임금수준 그리고 정부의 적극적 지원 등이 자리하고 있다. 과거 필리핀의 BPO산업은 주로 미국, 유럽 등 서구 기업에 국한되었지만 최근에는 한국도 일부 대기업을 중심으로 필리핀 내 BPO(아웃 바운드 콜센터, 해외사무소 관리 총괄센터) 사업 진출을 검토하고 있다고 한다.

필리핀의 BPO산업이 필리핀 경제에 대한 기여는 다음과 같다. 2019년 필리핀 통계청 (PSA) 데이터에 따르면 BPO 산업은 575,600명의 직원을 고용하고 있으며, 2020년도 기준 필

---

202) 필리핀 내 BPO산업/ kotra 필리핀통계청

리핀 BPO 통상산업부(DTI) 통계에 따르면 직접적인 일자리 130만 개를 더불어 간접적 일자리 408만 개도 창출했다고 한다. 그중 대부분의 업종은 콜센터였으며, 87.6%에 달하는 수치를 나타냈다. 다음으로 컴퓨터/IT 관련 회사가 약 12%, 의료 관련 0.5%, 애니메이션 영화 및 만화 제작 회사에서 0.3%의 비율을 차지하고 있다.

필리핀 BPO 부문은 전 세계 점유율 13%인 $247억의 매출과 더불어 필리핀 주요 도시 외 지역사회를 촉진하여 23개 지방에 28만 개의 일자리를 창출하는 등 지역 경제에 기여하고 있다고 한다.

필리핀 BPO 산업에 대한 필리핀 정부의 지원은 적극적이다. 소득세와 수입관세 감면은 물론 대부분의 업종에서 외국인 지분이 40%로 제한되어 있는 것과 달리 BPO 산업 분야에서는 외국인 100% 지분도 허용하고 있다. 필리핀 정부가 이렇게 적극적인 정책을 펴는 것은 2016년 BPO 산업을 통한 수익만 약 250억 달러(30조)로 추산하고 있고 그에 따른 고용인원도 130만 명에 달하는 등 필리핀 경제에 막대한 영향을 미칠 것으로 보고 있다.

필리핀 BPO 산업은 팬데믹으로 인한 경기 위축에도 불구하고 2020년에도 성장은 지속하였다. 이는 ECQ(강화된 지역사회

제한조치) 기간에도 필리핀 정부가 BPO 산업 활동을 폐쇄에서 면제 시켜주며, 재택근무를 권고하여 기업의 운영을 지속시킬 수 있는 필리핀 정부의 지원이 있었기 때문이다. BPO 산업 협회는 2020년 기준 향후 2년간 인력 증가율 2.7%~5%, 정규직 137만~143만 명, 산업수입 290억9000만 달러, 연평균 성장률 3.2~5.5%를 기록이라는 목표를 세운 바 있어, 필리핀 경제에 지속해서 기여할 것으로 전망한다.

Oxford 비즈니스 그룹에 따르면 글로벌 BPO 산업은 2020년까지 2,500억 달러의 가치가 있을 것으로 전망되며 필리핀은 선호되는 글로벌 서비스 허브로서의 위치를 공고히 하고 수익성이 높은 이 분야에서 높은 점유율을 보이고 있다. 지난 10년동안 약 10%의 복합 연간 성장률을 보이며 성장한 BPO부문은 필리핀 최대 민간 고용과 OFW 다음으로 큰 외환 수입 기여 산업이다. 또한 지불되는 급여는 가계 소비 증가와 부동산 및 소매 부문의 확장을 상승시킴에 따라 다른 산업 부문의 성장 또한 촉진하고 있다.

필리핀 GDP 부문의 기여도는 필리핀에서 사업을 시작하는 BPO 회사의 수와 함께 증가했다. BPO 산업은 2000년 GDP의 0.075%에 불과 했고 2005년 2.4%, 2011년 4.9%, 2012년 5.4%로 빠르게 증가했다. GDP 기여도는 2015년 6%였으며, 2016년에는 GDP의 9%에 달했다.

한편, 이러한 필리핀 BPO산업분야에서 한국인에 대한 채용 수요도 있는 것으로 전해지고 있다. 필리핀은 관광호텔과 리조트산업이 발달해 있어서 다양한 언어서비스를 필요로 하는데, 여기에 한국으로부터 걸려오는 전화나 메일에 응할 수 있는 한국인이 필요하기 때문이다.

따라서 영어와 한국어에 능통한 한국인에 대한 수요가 증가하고 있고, 이에 따라 한국인들이 필리핀에서 취업할 기회도 생겨나고 있다. 현재의 대부분 수요는 콜센터직이지만, 향후에는 지식 집약적 서비스를 제공하는 산업의 아웃소싱으로 KPO(Knowledge Process Outsourcing)가 발달할 전망이다. 이와 관련된 산업분야는 광고, 웹2.0서비스, 애니메이션, 법률, 회계, 조달, 서플라이체인 관리 등이 있다.203)

---

203) 필리핀 현지 취업, BPO를 아시나요? 영어 잘하는 한국인 채용 수요 많아/아시아타임즈

4. 필리핀의 이커머스204)

2019년 기준 필리핀은 전자상거래 매출 증가 부문에서 전 세계 3위를 차지하고 있다. 필리핀은 전 세계 평균인 20.7%를 훨씬 뛰어넘는 31%의 비약적인 성장을 보였다.

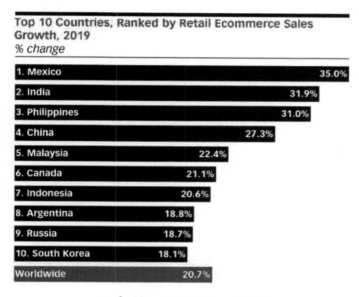

그림 101 eMarketer, 2019

'Digital 2020: The Philippines' 보고서에 따르면, 필리핀 16세~64세의 인터넷 사용자 중 75%는 온라인 쇼핑을 이용하고 있다. 아래의 표에서 2016년부터 2020년까지 매년 1월 한 달

---

204) 필리핀 전자상거래 시장 현황/ 코트라 해외시장뉴스

동안 필리핀 16세~64세의 인터넷 사용자들의 활동 비중을 살펴보면 온라인으로 상품을 검색하고 구매하는 비중이 점차 늘어나고 있다. 특히 온라인 스토어 방문이 2019년 1월에 56%였던 것에 반해 2020년 1월에는 91%까지 많이 증가했다. 또한, 온라인 구매를 위해 사용하는 디바이스를 살펴보면 노트북이나 데스크톱 이용 비중은 점차 줄어들고 모바일을 이용한 상품 구매가 계속해서 늘고 있다. 2016년부터 2020년 수치만 살펴봐도 필리핀 전자상거래 이용률은 꾸준히 증가하고 있다.

전자상거래 활동	1월				
	2016	2017	2018	2019	2020
온라인 상품 검색	39%	51%	54%	90%	91%
온라인 스토어 방문	31%	50%	56%	56%	91%
온라인 상품 구매	29%	38%	39%	70%	76%
모바일 기기로 상품 구매	18%	26%	25%	57%	66%
노트북 및 데스크톱으로 상품 구매	24%	29%	25%	38%	28%

그림 102 필리핀 16~64세 인터넷 사용자의 매년 1월 한달 간
전자상거래 이용 비중

웹사이트 방문 수와 모바일 앱 사용자 수를 기준으로 필리핀 내 전자상거래는 Lazada와 Shopee가 압도적으로 선두를 유지하고 있다. 필리핀 소매업체들은 전자상거래를 통해 시장 규모와 범위가 모두 커지고 있다. 이들은 웹사이트뿐만 아니라 다양한 플랫폼에서 이용 가능한 모바일 전용 앱을 보유하

고 있다. 특히 Shopee와 Carousell 등은 원래도 모바일 우선 전자상거래 앱이기 때문에 모바일 커머스를 지배하고 있다.

순위	웹사이트	월별 추정 트래픽
1	Lazada Philippines	25,000,000
2	Shopee Philippines	14,400,000
3	Zalora Philippines	1,250,000
4	Carousell Philippines	930,000
5	e-Bay Philippines	880,000
6	Globe Online Shop	840,000
7	Metrodeal	770,000
8	BeautyMNL	590,000
9	Argomall	570,000
10	Galleon.PH	230,000

그림 103 필리핀 상위 전자상거래 웹사이트 월별 추정 트래픽

필리핀은 약 7천여 개의 섬으로 구성되어 있으며, 사람들이 상주하는 섬은 약 2천여 개 이상이다. 섬나라의 지리적 특성은 온라인 브랜드가 전국적인 서비스를 제공하는 것을 만든다. 또한 열대 기후에서 신선한 농산물을 배달하는 것은 쉬운 일이 아니다. 지리나 기후 문제뿐만 아니라 필리핀인들의 결제방식도 전자상거래의 성장을 방해한다. 필리핀 사람들의

47%는 결제방식으로 현금(COD, Cash on delivery)을 선호한다. 신용카드 선호는 11%에 불과하다. 이는 디지털을 기반으로 한 전자상거래에 큰 걸림돌이 될 수 있다.

세계 경제에 상당한 영향을 주고 있는 코로나19는 전자상거래 시장에 오히려 새로운 기회를 주고 있다. 대부분의 필리핀 사람들이 계속되는 지역사회 격리기간 동안 음식, 제품 등을 인터넷으로 주문하고 있기 때문이다. 필리핀 정부는 3월 중순부터 시행한 루손섬 격리 중에서도 그랩푸드, 푸드판다와 같은 음식 배달 서비스를 허용한 바 있다. 온라인이나 모바일 앱을 통해 음식을 주문하는 습관은 더 많은 상품과 서비스로 확산하였다. 반면, 식당, 쇼핑몰, 영화관과 같은 오프라인 서비스 시설의 이용은 1~2월보다 3~4월에 무려 82% 감소하였다.

업계 전문가는 독립몰로 곧바로 진출하기 위해서는 법인 설립을 해야 하며, 기타 라이선스를 취득해야 하는 등 복잡한 과정이 선행되어야 하기 때문에 필리핀 인기 온라인 쇼핑몰인 라자다나 쇼피 같은 오픈 마켓을 통해 안정적으로 진출하는 것도 하나의 방법이라고 설명했다. 또한, 한류 열풍으로 인해 한국 상품 인지도가 높은 점을 충분히 공략하는 와중 현지 문화에 대한 심층적 고찰도 놓치면 안 된다고 조언했다.

필리핀 전자상거래 시장은 코로나19 사태에 힘을 받아 앞으로도 더욱 성장할 것으로 보인다. 따라서 필리핀의 다양한 인프라 문제에도 불구하고 전자상거래 사업 전망은 높게 평가된다. 필리핀 통상산업부(DTI)는 '필리핀 E-커머스 로드맵 2020-2022'를 통해 전자상거래 시장 및 산업의 현재를 평가하고 향후 발전 로드맵을 그리고 있다. 정부에서도 적극적으로 성장을 장려하는 분야인 만큼 전자상거래 시장은 성장 가능성이 크다고 볼 수 있다.

필리핀 전자상거래 시장에 진출하기 위해서는 관심 진출기업은 제품의 품질과 가격뿐만 아니라 필리핀 내 대리점 설립을 통해 원활한 물류 서비스에도 신경을 써야 한다. 사업자가 양질의 상품, 신뢰성 있는 배달 서비스를 제공한다면, 필리핀의 소비자들을 사로잡을 수 있을 것이다.

한편, 외식분야에서도 필리핀의 온라인 배달서비스 이용률이 늘어나고 있다.

유로모니터에 의하면 필리핀의 최근 5년간 음식 배달 및 포장 비율은 지속적으로 증가하고 있다.[205]

---

205) 자료원: 유로모니터

구분	2013년	2014년	2015년	2016년	2017년
드라이브 스루	0.6%	0.6%	0.6%	0.8%	0.8%
매장 내 식사	70.9%	70.4%	69.6%	69.0%	68.4%
배달	6.6%	6.9%	7.3%	7.7%	8.0%
포장	21.9%	22.1%	22.3%	22.5%	22.7%
합계	100%	100%	100%	100%	100%

표 12 최근 5년 간 필리핀 외식 산업 매장 내 식사 및 포장 비율

위의 표에서 나타난 것과 같이 매장 내 식사의 비율은 점차 줄어들고 있으며, 배달 및 포장의 비율은 서서히 증가하고 있다.

필리핀 온라인 음식 배달 서비스에 관한 전체 통계자료는 아직 집계된 것이 없지만, 다음과 같은 대표적인 모바일 어플리케이션 이용률로 미루어보아, 필리핀의 온라인 배달 서비스 시장이 활성화 되고 있다는 것을 추측해 볼 수 있다.

구분	설치 수
Foodpanda	10,000,000+
Honestbee	1,000,000+
Mykuya	1,000+
Grab express	100,000,000+
Lalamove	1,000,000+

그림 104 푸드판다

먼저, **푸드판다(Foodpanda)**는 현재 집계된 구글 플레이 설치
수로는 10,000,000+이며, 독일 베를린에 본사를 둔 업체로,
2014년 6월 필리핀에 진출하였다. 현재 1000여명 이상의 배
달원을 확보하고 전국적으로 1000여곳의 레스토랑과 파트너
를 맺었다.[206]

다음으로 **어니스트비(Honestbee)**는 현재 집계된 구글 플레이
설치 수로는 1,000,000+이며, 필리핀을 비롯해 홍콩, 대만,
일본, 인도네시아 등에서 서비스를 제공하고 있다. 음식 배달
은 물론 장보기, 식당 줄서기, 세탁 대행과 같은 서비스도 제
공한다.[207]

---

206) 푸드판다 https://www.foodpanda.ph/
207) 어니스트비 www.honestbee.ph

그림 105 어니스트비

세 번째로 **Mykuya**의 현재 집계된 구글 플레이 설치 수는 1,000+이며, 청소, 장보기, 음식배달과 같은 서비스를 제공하고 있다. 배달원은 300명 이상으로 집계되었고, '쿠야'는 타갈로그어로 '형, 아저씨'를 뜻하는 단어라고 한다.[208]

---

208) 마이쿠야 https://www.mykuya.com/

네 번째로 **Grabexpress**의 현재 집계된 구글 플레이 설치 수는 100,000,000+로 필리핀 온라인 배달 서비스 중 1위를 선점하고 있다.

Grab - Transport, Food Delivery, Payments
Grab Holdings 지도/내비게이션
★ ★ ★ ★ ↑ 2,702,289 ￼

◎ 기기와 호환되는 앱입니다.

￼ 위시리스트에 추가   설치

그림 107 그랩

Grab은 기존의 콜택시 어플로 잘 알려져 있으며, 상품 배달까지 서비스 영역을 넓힌 어플리케이션이다. 고용된 배달원 수는 3,000명 이상이다.[209]

다섯 번째로 **Lalamove**의 현재 집계된 구글 플레이의 설치 수는 1,000,000+이며, 중국과 동남아 100개 이상의 도시에서

---

209) Grabexpress www.grab.com.ph

서비스를 제공하고 있다. Lalamove는 고객과 배달원이 평균 12초 만에 연결되고, 배달원이 평균 55분 안에 배달을 완료하는 것을 목표로 서비스를 운영하는 것이 특징이다. 750여명의 배달원이 근무하고 있다.210)211)

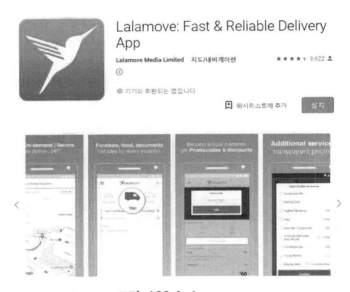

그림 108 Lalamove

210) Lalamove www.lalamove.com
211) 필리핀, 배달서비스 시장 급성장/리얼푸드

5. 필리핀 TOP20 기업[212)

이번에는 필리핀의 기업들을 살펴보고자 한다. 필리핀의 경제 일간지 Business World는 2018년 1월자로 회계법인 감사 자료에 근거하여 매출액 기준으로 2016년도 필리핀 TOP1000 기업 순위를 발표하였다. 다음은 그 중 필리핀의 TOP20 기업을 추려서 표로 정리한 자료다.[213)

순위	기업명	분야	매출액
1	Manila Electric Co	배전	250,707
2	Petron Corp.	에너지	230,989
3	Toyota Motor Philippines Corp.	자동차	154,871
4	Pilipinas Shell Petroleum Corp.	에너지	157,836
5	Toshiba Information Equipment (Philippines), Inc.	반도체	130,835
6	Nestle Philippines Inc.	식음료	125,501
7	Mercury Drug Corp	소매/약국	123,190
8	TI (Philippines), Inc.	반도체	122,158
9	Philippine Airlines, Inc.	항공	117,616
10	PMFTC, Inc.	소매	113,667
11	Globe Telecom, Inc.	통신	108,482
12	BDO Unibank	금융	104,000
13	Smart Communications, Inc.	통신	102,155

---

212) 필리핀 기업 TOP 1000 순위/Kotra 해외시장뉴스
213) 자료원: Business world

14	Philippine Associated Smelting and Refining Corp	금속	95,788
15	PLDT	통신	93,798
16	Puregold Price Club,Inc.	유통	87,153
17	San Miguel Brewery, Inc.	식음료	86,189
18	Universal Robina Corp	식음료	81,758
19	Bank of the Philippines,Inc.	금융	65,418
20	Zuelling Pharma Corp.	의료/의약품	61,784

표 14 필리핀 기업 TOP 20 (단위:백만페소)

1) Manila Electric Co

Meralco는 필리핀의 전력 배급 회사로, 본사는 필리핀 파시
그에 있으며 1903년 3월 24일에 창립되었다. CEO는 오스카

S.레예스이다. Meralco는 총 2,507억 페소의 매출로 2015년에 이어 2016년에도 필리핀의 TOP1000기업 중 1위를 차지하였다. 이 기업은 필리핀 최대 배전 기업으로 메트로 마닐라 지역의 전력을 소비자들에게 단독으로 공급하고 있으며, 민영기업으로는 Beacon Electric Asset Holdings, Inc사가 49.96%, JC Summit Holdings사가 약 27%의 지분을 소유하고 있다.[214)]

2) Petron Corp

Petron사는 필리핀 석유 수요의 1/3이상을 공급하는 필리핀

---

214) Meralco https://www.meralco.com.ph

의 최대 정유회사이다. 본사는 필리핀 만달루용에 있으며, 1933년 9월 7일에 창립되었다. CEO는 라몬S.앙이다. 총 2,309억 페소의 매출을 보이며, 2015년에 이어 2016년에도 필리핀에서 TOP 1000 기업 중 2위를 차지했다.

Limay(Bataan)지역에 약 일일 18만 배럴을 생산하는 정유시설을 운영하고 있다.[215]

3) Toyota Motor Philippines Corp[216]

Toyota Motor Philippines는 도요타 모기업의 자회사이며 필리핀의 가장 큰 자동차 회사로 1988년에 필리핀에 진출하였다. 이곳에서는 도요타 차량의 조립 및 판매를 담당하고 있다. 총 1,548억 페소의 총 매출을 보이며, 2015년의 7위에서 4단계를 뛰어 2016년에는 TOP 1000 기업 3위를 차지하였다.

---

215) Petron https://www.petron.com
216) Toyota Motor Philippines www.toyota.com.ph

Santa Rosa(Laguna)지역의 도요타 특별경제구역(TSEZ, 82 헥타르)에서 17개의 차종 모델 조립 및 판매를 담당하고 있으며, 2016년 도요타 자동차 판매가 약 27% 증가하면서 총매출이 약 36.3% 증가, 2016년도 순위가 대폭 상승하였다.

4) Pilipinas Shell Petroleum Corp[217)]

Pilipinas Shell Petroleum Corp는 휘발유, 디젤, 항공유, 해양연료, 윤활유, 오일기반 석유제품 등을 공급하는 회사이며 필리핀 전국에 960개의 주유소를 운영하고 있다.

---

217) Pilipinas Shell Petroleum Corp https://pilipinas.shell.com.ph/

모회사인 Shell Conpany는 1914년에 필리핀에 진출하였으며, Pilipinas Shell Petroleum Corp.는 1959년에 설립되었다. 총 1,378억 페소의 매출을 보이며, 2015년 3위에서 2016년 TOP 1000기업 4위로 한 단계 하락하였다.

5) Toshiba Information Equipment, Inc.[218]

Toshiba Information Equipment, Inc는 HDD 및 SDD 저장장치를 제조 및 수출하는 회사로 Thshiba Corporation의 자회사이며, 1995년에 필리핀으로 진출했다. 총 1,308억 페소의 매출을 보이며, 2015년 11위에서 2016년 TOP 1000기업

---

218) Toshiba Information Equipment, Inc. Facebook

5위로 6단계 상승 했다.

6) Nestle Philippines Inc.[219]

Nestle Philippines은 Nestle의 자회사이며 1,255억 페소를 기록하며 6위에 안착하였다. 현지 생산은 1960년대 Nestlé SA와 San Miguel Corporation가 파트너십을 체결하여 Nutritional Products, Inc. (Nutripro)를 설립하면서 이루어 졌고, 1962년에 Nutripro의 첫 번째 공장, Muncinlupa의 Alabang에서 NESCAFÉ를 생산하기 시작했다.

---

219) https://www.nestle.com.ph/

7) Mercury Drug Corp[220]

Mercury Drug Corp는 필리핀의 약국 체인점으로 1,231억 페소의 매출액을 기록하며 7위에 안착하였다. 필리핀 전역 어디에서나 쉽게 발견할 수 있는 체인점이며, 한국처럼 병원에서 처방전을 받아오면 약을 처방해주는 시스템이다. 1945년 창립되었으며 창립자는 Mariano Que이다.

8) TI (Philippines), Inc.

TI (Philippines), Inc.은 필리핀의 반도체 기업으로 1,221억 페소의 매출액을 기록하며 8위에 안착하였다.

---

220) https://www.mercurydrug.com

9) Philippine Airlines, Inc.[221)]

필리핀 항공(영어: Philippine Airlines)은 필리핀의 국책항공
사로, 아시아에 현존하고 있는 항공사 중 두 번째로 오래된
항공사로 허브 공항은 마닐라에 있는 니노이 아키노 국제공항
과 세부에 있는 막탄 세부 국제공항이 있다. 1,176억 페소를
기록하며 필리핀의 TOP1000기업 중 9위에 안착하였다. 1941
년 2월 26일에 설립되었으며, 아시아 항공사 최초로 태평양을
건너 미국에 취항했고 점차 유럽과 동남아시아로 노선을 확대
해나갔다. 2007년 필리핀에서 최초로 국제항공운송협회가 수
여하는 IOSA 인증을 받았다.[222)]

10) PMFTC, Inc.[223)]

PMFTC는 필리핀의 담배 제조업 회사로, 1,136억 페소를 기

---

221) http://www.philippineair.co.kr/ko/
222) 필리핀 항공/위키백과
223)
   https://www.pmi.com/markets/philippines/en/about-us/overview

록하며 10위에 안착하였다.

11) Globe Telecom, Inc.224)

Globe Telecom은 필리핀의 통신회사이며, 1935년 마닐라에서 창립되었고, 본사는 필리핀 만달루용에 위치하고 있다. 1,084억 페소를 기록하며 필리핀 TOP1000기업 중 11위에 안착했다.

12) BDO Unibank225)

BDO 유니뱅크는 필리핀의 유니버셜 은행으로, 매출액 1,040억 페소를 기록하며 필리핀 TOP1000중 12위에 안착했다. BDO 유니뱅크는 필리핀의 대출 (회사 및 소비자), 예금 인출, 외환, 중개, 신탁 및 투자, 신용 카드, 법인 현금 관리 및 송

---

224) https://www.globe.com.ph/
225) https://www.bdo.com.ph/

금 등의 업무를 수행하고 있다.

또한 현지 지사를 통해 투자 은행, 개인 은행, 임대 및 금융, 농촌 금융, 생명 보험, 보험 중개 및 증권 중개 서비스도 제공한다. 전국 1,200 개 이상의 영업 지점과 4,000 개 이상의 ATM을 보유한 최대 유통망을 갖추고 있으며, 소매, 쇼핑몰 운영, 부동산 개발 (주거, 상업, 리조트 / 호텔) 및 금융 서비스에 걸친 비즈니스를 하고 있는 필리핀의 대기업 SM 그룹의 소속이기도 하다.

13) Smart Communications, Inc.[226]

Smart Communications는 필리핀의 통신회사이다. 매출액 1,021억 페소를 기록하며 필리핀 TOP1000기업 중 13위에 안

---

226) https://smart.com.ph/corporate

착했다. 1991년 필리핀 마닐라에서 창립되었으며, CEO는
June Cheryl C. Revilla이다.

본사는 필리핀 마카티에 위치하고 있다. Smart
Communications는 2G, 3G 및 4G LTE 네트워크를 결합한
모바일 통신 서비스를 필리핀 도시 및 지자체에 약 95%까지
제공하고 있다.

14) Philippine Associated Smelting and Refining Corp[227]

PASAR은 필리핀의 금속 제조 기업으로, 매출액 95,788 (단
위:백만페소)를 기록하며 필리핀 TOP1000기업 중 14위에 안
착했다. PASAR은 25년 동안 electrolytic copper cathode
(전기동)을 주력하여 생산해왔다. 또한 필리핀 중부 Leyte에

---

227) https://pasar.com.ph/

PASAR 구리 제련소 및 정제소가 있으며, 최대 50,000mt의 선박을 수용할 수 있는 심해 항구 시설을 자체적으로 갖추고 있다.

15) PLDT[228)]

PLDT (Philippine Long Distance Telephone Company)는 필리핀의 통신 기업으로, 전체 매출액 93,798(단위:백만페소)를 기록하며 필리핀 TOP1000기업 중 15위에 안착했다.

---

228) https://pldthome.com/

16) Puregold Price Club,Inc.[229]

Puregold Price Club은 필리핀의 유통기업이며, 전체 매출액 87,153(단위: 백만페소)을 기록하며 필리핀 TOP1000기업 중 16위에 안착하였다.

Puregold Price Club, Inc.는 1998년 9월 8일에 설립되어 같은 해 12월 만달루용 (Mandaluyong)에 최초의 Puregold 대형 매장을 개장했으며 2001년에는 마닐라와 파라니크에 2개의 대형마트를 추가적으로 건설하면서 영역을 넓혀나갔다. 또한 2002년에서 2006년 사이에는 매년 평균 3개의 신규 점포를 개설하며 확장을 계속해 나갔고, 남북 루손 지역에도 운영을 시작했다.

2008년 Puregold는 리더스 다이제스트 아시아 (Reader 's Digest Asia 's)가 슈퍼마켓 부문에서 가장 신뢰하는 브랜드로 인정받았으며, 시장 커버리지를 촉진하기 위해 2008년 4분기에 "Puregold Jr. Supermarket"이라는 새로운 형식을 도입했다.

---

229) www.puregold.com.ph/

또한 Puregold는 2016년 말 기준으로, 총 329개의 매장을 각 지역에서 운영하고 있다. 다음은 Puregold의 지역 매장을 분류한 표이다.

	Pure gold	NE Bodega	Budget lane	S&R	QSR	Total
Metro Manila	110	–	1	5	14	130
North Luzon	70	9	–	1	3	83
South Luzon	80	–	7	2	4	93
Visayas	9	–	–	2	1	12
Mindanao	8	–	–	2	1	11
Total	277	9	8	12	23	329

17) San Miguel Brewery, Inc.[230]

SAN MIGUEL
BREWERY INC.
A subsidiary of San Miguel Corporation

---

230) http://www.sanmiguelbrewery.com.ph/

산 미겔 맥주는 필리핀의 맥주 제조 기업이며 전체 매출액 86,189(단위:백만페소)를 기록하며 필리핀 TOP1000 중 17위에 안착하였다. 1890년 필리핀 마닐라에 양조장을 열며 '산 미겔'이라는 이름으로 다양한 종류의 맥주와 파생 상품을 생산하기 시작했으며 1914년까지 마닐라 본사에서 상하이, 홍콩, 괌으로 수출을 시작하였다. 또한 1948년 홍콩에 최초의 해외 공장을 설립하였다. 그 후 산 미겔 맥주는 중국, 인도네시아, 베트남, 태국 및 말레이시아에까지 해외 공장을 설립하고 전 세계로 수출 되고 있다.[231]

18) Universal Robina Corp[232]

유니버셜 로비나는 필리핀의 식음료 기업이며 전체매출액 81,758(단위:백만페소)를 기록하며 필리핀 TOP1000기업 중 18위에 안착하였다.

---

231) 산미겔맥주/위키백과
232) http://www2.urc.com.ph/

유니버셜 로비나는 John Gokongwei, Jr.가 1954년에 Pasig City에 있는 옥수수 녹말 제조 공장 인 Universal Corn Products Inc.를 설립한 것을 시작으로 하여 그 후로부터 50년이 넘는 역사를 이어오고 있다. 유니버셜 로비나의 제품으로는 차, 커피, 스낵류와 설탕, 밀가루와 같은 필수품, 그리고 동물사료 및 기타 관련 제품이 있다.

19) Bank of the Philippines,Inc[233]

Bank of the Philippines는 필리핀의 금융기업으로 전체 매출액 65,418(단위:백만페소)를 기록하며 필리핀 TOP1000기업 중 19위에 안착했다.

1851년에 설립되었으며, 필리핀 뿐 아니라 홍콩, 유럽에 현재 800개 이상의 지점을 두고 있고 3,000개의 ATM 및 CDM

---

233) https://www.bpiexpressonline.com

(현금 입금 기계)을 보유하고 있다. 제공되는 서비스는 금융 및 대출, 자산 관리, 보험, 증권 중개 및 유통, 외환, 리스 및 기업투자 등이 포함된다.

20) Zuelling Pharma Corp.[234]

ZUELLIG PHARMA
ASIA PACIFIC

Zuelling Pharma Corp는 필리핀의 의약품 기업이며 전체 매출액 61,784(단위:백만페소)을 기록하며 필리핀 Top1000기 업 중 20위에 안착하였다.

---

234) https://www.zuelligpharma.com

07. 필리핀에서 사업하기

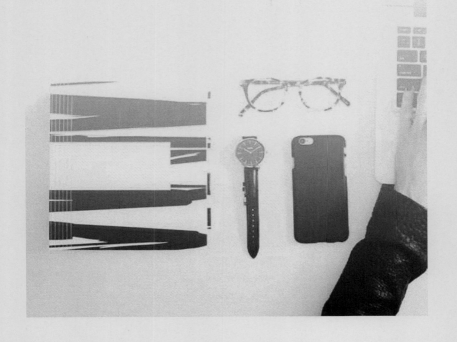

VII. 필리핀에서 사업하기

1. 필리핀의 전체 산업 동향

1) 필리핀의 경제

필리핀의 경제는 코로나 이전 서비스 산업에 높은 의존을 보이며, **6% 후반대의 높은 성장률**을 기록하다, **코로나19**로 인해 서비스 산업이 마비되자 **-9.5%의 경제성장률**을 기록했다. 그러나 최근 코로나가 완화되며 2022년 3분기 경제성장률은 **7.6%**를 기록하며 **코로나 완화 이후 계속되는 높은 성장률**을 보이고 있다.

다음은 최근 5년간 필리핀 경제의 성장률을 표로 정리한 자료이다.[235]

경제지표	2017	2018	2019	2020	2021
경제성장률(%)	6.68	6.24	5.9	-9.6	5.7
명목GDP (십억$)	328.48	346.84	376.8	362.24	354.88
1인당 GDP (PPP,$)	8,200	8,790	9,360	8,450	-
정부부채 (% of GDP)	38.1	37.1	37	47.1	-

---

235) 자료원: IMF

(1) 경제전망

주요기관들은 필리핀 경제를 다음과 같이 전망하고 있다.

구분	경제성장률 전망	세부내용
아시아개발은행 (ADB)	- 2022: 5.6%에서 6.0%로 상향 - 2023: 6.0%에서 6.3%로 상향	팬데믹으로 침체된 경기 상황을 극복하기 위해 필리핀 정부가 경제 개혁 및 인프라 사업 추진하고 있는 등의 이유로 경기 상향 조정
IMF	- 2022: 6.7%에서 6.5%로 하향 - 2023: 5%	필리핀의 주요 무역 상대국인 중국과 미국의 성장 둔화와 필리핀 중앙은행의 통화 긴축 정책으로 인해 2023년도 경제성장률 5%로 전망
세계은행 (World Bank)	- 2022: 5.9% - 2023: 5.9%에서 5.7%로 하향	지속적인 공공투자와 가계 소비 회복에 힘입어 2022년의 경제성장률은 2021년도에 비해 성장하지만, 그 이후 5.7%로 낮아질 것으로 예측

(2) 인플레이션[236]

필리핀 인플레이션은 글로벌 유가 및 원자재 가격 상승으로 2022년 평균 5.3%까지 상승할 것으로 예상된다. 특히 유가의 급격한 상승으로 필리핀 정부는 지난 3월 대중교통업체 및 농어민들에게 유류 보조금과 할인권을 지급했다.

인플레이션은 2022년 4월 4.9%에서 5월 5.4%로 추가 상승하며 2018년 12월 이후 최고치를 기록했다. 2022년 5월 식품 및 무알코올 음료(4.9%), 교통(14.6%) 부문에서 급격한 인플레이션을 보였으며 주류 및 담배(6.8%), 의류(2.1%), 스포츠 및 문화(1.7%), 개인 관리 및 서비스(2.5%) 상품 부문도 인플레이션 상승세에 기여했다. 반면, 주택관리 비용(6.5%), 가구 및 가전제품(2.5%)은 전월 대비 하락했다.

필리핀의 식품 인플레이션은 2022년 4월 4.0%에서 5월 5.2%로 추가 상승했다. 주로 야채, 바나나 및 콩류(15.2%), 유지 및 기름(13.6%), 밀가루(빵 및 기타 베이커리, 면 등) 제품 및 기타 곡물(4.8%), 도축된 고기 및 가공육(5.4%), 생선 및 기타 해산물(6.2%), 우유 및 기타 유제품과 계란(1.5%), 설탕 및 디저트(8.7%), 기성 식품 및 기타 식품(3.5%) 부분에서 상승했다. 다른 식품군 대비 쌀(1.5%)과 옥수수(24.4%)는 연간

---

236) 필리핀 2022 상반기 경제 동향/ 코트라 해외시장뉴스

맞은 증가율을 보이며 과일 및 견과류(-2.4%) 지수는 오히려 하락했다. 필리핀 정부는 현재의 글로벌 원자재 가격 및 유가의 장기적인 하락을 전망하며 2023년 인플레이션 전망치를 3.5%로 조정했다.

필리핀 정부는 하반기 내 인플레이션 완화를 위해 통화 정책, 기름값 인하, 주요 수입 상품 내수 생산 지원, 원자재 공급망 확보 등의 조치를 할 것으로 보인다. 필리핀 중앙은행(BSP)은 페소 가치를 높이고 인플레이션 완화를 위해 8월 0.5%포인트 금리 인상 계획을 발표하였으며 이후에도 경제회복 및 물가안정을 위해 장기적인 금리 인상을 단행할 것으로 전망된다.

(3) 기준금리[237]

필리핀의 기준금리는 2018년 12월 기준 4.75%, 2019년 12월 기준 4%, 2020년 11월 기준 사상 최저치인 2.00%를 기록하였다. 필리핀 중앙은행(BSP)은 코로나19로 인한 경기침체 상황에 대응하기 위해 2020년 2월 기준금리를 0.25%p 낮춘 데 이어 3월, 4월, 6월에 각각 0.5%p, 11월에 0.25%p를 추가로 인하해 2020년 총 2.00%p 인하했다. 2022년 필리핀 중앙은행(BSP)는 경제 회복과 인플레이션으로 인해 사상 최저치인

237) Kotra 해외시장뉴스 필리핀 국가정보- 필리핀시장특성

2%대의 금리를 유지하였으나 국제적인 공급망 약화로 인한 연준의 금리 인상에 맞춰 지속적인 금리 인상을 진행하고 있다. 2022년 9월 기준 필리핀은 2%대의 기준 금리에서 연준의 인상에 맞춰 총 175bp를 추가 인상하였으며 2023년까지 경제 회복 촉진 정책에 따라 50bp의 금리를 추가 인상할 전망이다.

(4) 실업률[238]

필리핀 실업률은 2018년 5.45%, 2019년 5.1%를 기록하였다. 2020년 3분기 기준 10%의 높은 실업률을 기록하며 코로나19 봉쇄 조치가 필리핀 노동시장에 가져온 충격이 반영됐다.

세계은행에 따르면 매년 필리핀의 110만 명의 노동인구 중 절반이 넘는 60만 명의 노동자가 저 직능, 저임금의 비공식 고용시장으로 유입되는 것으로 알려져 있으며, 필리핀 서비스업 근로자 중 상당수가 단순 서비스, 일용잡역 등에 종사하고 있어 고용불안이 심화되고 있다. 필리핀은 노동고용부(DOLE), 국가경제개발청(NEDA)등의 일자리 회복과 경제 활성화 정책의 일환으로 일자리 창출을 하고 있으며 필리핀 통계청(PSA)에 따르면 2022년 3월 5.8%대의 실업률을 보이고 있으나 취

---

238) Kotra 해외시장뉴스 필리핀 국가정보- 필리핀시장특성

업자는 4,698만 명으로 작년 동 기간의 4,533만 명에서 고용이 개선됐다. 2022년 일자리 창출과 실업률 감소를 위한 일자리 창출을 위한 인프라 프로젝트 등을 추진하고 있다.

(5) 환율[239]

필리핀의 연평균 환율은 2018년 1달러=52.66페소, 2019년 1달러=51.8페소, 2021년 1달러=49.3페소를 기록하였다. 2020년 11월 중순 기준 평균 1달러=49.03페소를 기록하며 페소화 약세 흐름은 다소 완화된 모습을 보였다. 현지 언론 및 투자 분석기관 등에 따르면, 2022년 페소화는 필리핀의 경제회복, 미 달러 강세, 대외 수입 증가 등 때문으로 당분간은 페소 약세가 지속될 것으로 전망된다. 2022년 9월 기준 1달러=57.3페소 가량을 기록하고 있으며 필리핀 경제 재개와 회복세에도 미연준의 금리 인상 계획 발표에 따른 기준 금리 인상 등 페소화 약세가 완화될 것으로 전망되나 OFW 해외 송금액과 관광업 재개를 통한 페소화의 약세 완화 전망이다.

---

239) Kotra 해외시장뉴스 필리핀 국가정보- 필리핀시장특성

2) 필리핀 시장의 특성

(1) 서비스 소비 중심의 시장구조

필리핀은 개발도상국임에도 서비스산업 비중이 60%에 육박하는 한편 제조업이 상대적으로 취약하다. 서비스업에서는 관광, BPO, 건설 등의 비중이 높고 제조업은 전자, 반도체 분야에 집중돼 있다. 그 외 농업, 의료, 건설, 소매유통이 발달하여 있으며, 2020년 기준 서비스산업 비중 61.42%, 민간 소비가 GDP의 78%를 차지 차지할 정도로 소비 위주의 경제라는 점도 주목할 만하다.

주요 수출품목은 전체 수출의 30%를 차지하는 전자부품(반도체)을 비롯한 석유제품, 자동차, 기계류 및 운송장비, 기타 공산품 등이며, 반도체, 전자 등은 인텔, TI, Sanyo, 삼성전자 등 다국적기업의 현지공장이 대부분이다. 반도체는 전체 수출에서 차지하는 비중이 막대하며 최대 수출품목으로 자리 잡고 있다.

(2) 메트로 마닐라 및 소수 거점도시 상권 집중

필리핀의 수도권 **메트로 마닐라(Metro Manila)**를 중심으로 한 루존(Luzon) 섬 남부와 일부 거점 도시에 상권이 집중되어 있다. 이외에 필리핀의 주요 도시를 형성하고 있는 세부 (Visayas섬), 다바오(Mindanao섬), Subic, Clark(Luzon섬 경제자유구역) 등을 중심으로 '70년대부터 초대형 쇼핑몰이 발달되었으며 최대 유통업체인 **SM, Robinsons, Rustans** 등 이 운영하는 미국식 대형 쇼핑몰과 백화점이 상권을 장악하고 있다.

(3) 외국인 투자/화교 자본에 의한 경제성장

반도체, 전자분야에 진출한 외국투자기업의 수출금액이 필리 핀 전체 수출의 65%를 넘나들 정도로 특정 분야에 집중되어 있다는 점이 두드러진다. 동남아의 다른 국가들과 같이 필리 핀도 유통, 전자분야 중심의 화교자본의 영향력이 막강하며 다른 주요 산업으로 독점 및 과점영역을 확대해 나가고 있다. 이외 필리핀에 소재하는 국제기구(ADB), 외국차관(일본, EU, 미국, 한국 등)에 의존하는 인프라 개발이 추구되고 있다는 점도 특징이다.

(4) 부의 편중과 소비 양극화

중국 복건성 출신의 화교가 필리핀 상권의 60% 이상을 장악 하고 있으며 상위 3~5%의 상류층은 잦은 해외여행과 명품을 선호하는 등의 극심한 빈부격차와 이에 따른 소비의 양극화가 두드러지고 있다. 인구의 25%는 절대 빈곤층으로 하루 2달러 정도의 비용으로 생계를 꾸리고 있어 빈곤퇴치가 시급한 현안으로 꼽히고 있다. 중산층이 미약해 소비시장도 **고가시장(초대형 현대식쇼핑몰)과 저가시장(재래)**으로 명확히 구분되고 있다.

(5) 공급자 중심의 시장

제조업 기반이 취약하여 공산품을 비롯한 소비재 대부분을 수입에 의존하고 있고, 일부 대기업이 유통을 장악하고 있어 경쟁이 제한적인 이른바 공급자 우위의 시장구조가 형성되어 있다.

무역협회에 따르면 20년 기준 2019년 수입 $1,129억/무역적자 $425억에서 20년 수입 $908억/무역적자 $269억을 기록하고 있다. 따라서 공급가격 결정, 시장경쟁 등에 이들 업체가 상당한 영향력을 행사하고 있다. 2021년 외국인투자제한조치가 해제되고 있으며, 외국인이 필리핀에서 소매업을 하기 위해서는 납입자본금 25만 달러 이상만 투자하면 기존과는 다르게 법인 설립이나 현지 진출 위한 절차들이 많은 부분 개선되고 있다.

유통 산업은 오래전 화교자본이 장악하였고 필리핀 자국민의 자본은 형성되지 못해, 결국 이 외국인의 소매업 투자제한 조치가 역으로 필리핀 시장을 공급자 중심으로 만드는 주요인 중 하나로 작용하고 있었으나, 외국인의 소매업 투자 제한 조치가 해제되며 외국인 기업들의 납입 자본금 요구치 완화 등 소매업 부분에서 외국인 소매업자들이 시장으로 유입되고 있다.

3) 시장분석 - 시장특성 및 전략적 가치[240]

- 품질, 브랜드보다는 가격 중심의 시장이며, 빈약한 현지 제조 업으로 인해 수입에 의존하는 시장
- 서아프리카 내에서 상대적으로 양호한 기업 환경이 조성되어 있으며, 타 아프리카 및 미국, 유럽 시장으로의 진출이 용이

(1) 거대 내수 시장으로 성장잠재력은 크지만 소득 양 극화가 심한 시장

필리핀은 민간소비 비중이 GDP 대비 70% 선으로 소비 잠재 력이 높은 시장이다. 1억 명이 넘는 인구를 보유했으며, 코로 나 19 팬데믹 이후, 이전 경기로의 회복에 따른 가계소득과 중산층의 성장으로 소비 활동이 이루어지는 추세이다.

---

240) 2022 국별·권역별 진출전략/ 코트라 해외시장뉴스

(2) 수입 의존도가 높은 공급자 중심의 시장

코로나 19 이후 제조업이 성장하고 있으나, 여전히 취약하며 소비재와 공산품을 대부분 수입에 의존하고 있다. 또한 코로나 백신 접종, 내수시장 활성화 정책 등으로 내수 경제 및 국내 제조업 부문이 회복 중이다.

(3) 가공 무역으로 제조업 기반 조성

외국인 투자 기업들과 국내 제조업체들이 원부자재 수입 후, 필리핀 현지에서 생산한 완제품을 인근 아세안 국가로 수출하여 경제 회복에 기여하고 있다. 반도체, PCB, 자동차/ 부품 분야 등에서의 외국인 투자 유치가 중요한 역할을 수행하고 있다.

4) 비즈니스 에티켓 - 상거래 유의사항[241)]

(1) 제품 소개

바이어와 상담 시 국산제품의 첨단기술을 막연히 설명하는 하는 것보다는 바이어가 설명하는 현지시장 동향과 유지하고 있는 판로를 감안해서 거기에 적합한 제품을 소개하는 것이 효과적이다. 따라서 바이어를 만날 때 제품 샘플과 카탈로그는 필히 제시할 수 있어야 한다.

또한, 필리핀 바이어는 특성상 거절 또는 싫다는 표현을 잘하지 못해 상담 시 제품에 대한 좋은 평을 하더라도 나중에 연락이 안 되는 경우가 종종 있다. 장기간 연락이 되지 않을 경우 현재 구매의사가 없다는 것으로 생각하는 것이 좋고, 차후에라도 다른 기회에 다시 관계가 이어질 수도 있으므로 독촉을 해서 아예 관계를 나쁘게 만들 필요는 없다.

(2) 계약 체결 시 유의사항

필리핀의 수입은 대략 50% 정도가 대리점을 통해 수입되고 있으며, 에이전트나 유통업체들은 독점권을 요구하는 경우가

---

241) Kotra 해외시장뉴스 필리핀 국가정보- 필리핀시장특성

많다. 독점권을 부여한다는 것은 해당 상품이 필리핀에 공급되는 경로가 하나라는 의미이기 때문에 독점권을 협상할 때는 신중할 필요가 있다.

통상 대리점은 해당 브랜드만을 취급하는 것이 아니고 여러 가지의 상품 또는 경쟁 브랜드를 동시에 취급하는 사례가 많다(다품종 소량). 유통업체들은 재고를 보유하기를 극히 꺼린다. 구매자의 주문이 있을 때 소량으로 구매하는 것을 반복하므로 소량으로 신속하게 배송할 수 있어야 한다.

(3) 중화학공업 및 산업용 제품도 가격이 중요

중화학공업 제품이나 산업용 제품 등의 경우 수입상들은 높은 품질의 제품을 낮은 가격에 구매를 희망하기 때문에 전반적으로 가격이 중요한 구매조건이 된다.

(4) 화교계 상인들

현지 상거래의 대부분을 장악하고 있는 화교계 상인들은 해외 거래선 구축 시 중국, 대만, 홍콩 등 중국계와의 거래를 선호한다는 점도 유의해야 한다. 또한, 화교계 상인들은 필리핀

상거래의 많은 비중을 차지하고 있다.

화교계 기업문화의 특징은 가족경영으로 회사 내 기업주들이 혈연관계로 이루어진 곳이 많다. 필리핀 문화 역시 가족을 가장 우선시하고 의지하기 때문에 가족구성원이 회사를 운영하는 것을 쉽게 접할 수 있다. 이들 가족기업은 소규모로 시작하여 사업을 확장하면서 취급 품목/업종을 넓혀가는 경우가 많다. 따라서 필리핀 바이어를 만났을 때 취급 제품/업종이 다소 혹은 많이 상이하면 우리기업 입장에서는 업체의 진정성을 의심할 수도 있으나, 좀 더 대화를 통해 살펴보면 이들이 사세 확장을 위해 취급 범위를 넓혀가는 것이라는 점을 알 수 있게 된다.

이러한 필리핀의 독특한 기업문화와 시장특성을 고려할 때 품질만을 장점으로 필리핀 시장에 진입하기는 다소 쉽지 않으며, 바이어 및 주변 가족들과 개인적인 인간관계를 맺고 친밀감을 높이는 것도 하나의 좋은 방법이다. 또한 시장 특성상 주요 산업/사업에 외국기업이 진출하기 위해서는 현지에서 영향력이 있거나 네트워킹이 잘 되어 있는 개인 컨설턴트 혹은 업체를 통해야 하는 경우도 종종 볼 수 있다.

5) 투자환경

(1) 외국인투자법

필리핀의 외국인투자법은 외국기업의 지분 제한과 설립요건을 규정하고 있으며 부속서(Negative List)를 통해 외국인지분을 분야별로 60%, 49%, 40%, 30%, 25%, 20%, 0%(아예 지분 소유 금지)로 제한하고 있으며, 원칙적으로 여기에 해당하지 않으면 외국인 지분을 100%를 허용하고 있다. 그러나 건설, 물류 분야와 같이 업종별 관련법에서 외국인 지분제한을 별도로 규정하고 있는 경우도 있어 이에 대해 확인이 필요하다(일례로 일반 물류업의 경우 동 Negative List에 명시되지 않았으나 관련법(SEC Memorandum Circular. 30)에 의거 외국인 지분은 40% 이하로 제한되고 있다.)

필리핀은 토지소유 및 업종별로 광범위하게 외국인의 지분 제한을 두고 있으며, 이를 헌법과 FIA(외국인투자법), 각종 업종별 법률에 명시하고 있어 규제 완화가 쉽지 않다(토지 소유, 공공인프라 운영 등에 대한 외국인 지분 제한은 1935년 이후 헌법에 규정, 이를 법률화 해 일부 완화하자는 논의가 있으나, 각종 이해관계로 지연 상태). 헌법(the 1987 Philippine Constitution)에 의거, 공공인프라(Public utilities) 운영(franchise, certificate 포함 모든 운영권 보유) 시 외국인투자 지분률은 40% 이하로 제한되고 있으며, 해당 기업의 경영과 이사는 반드시 필리핀 국적자여야 한다.

FIA, FDI Negative List에서 제외(외국인투자 허용)되는 것은 카지노사업(2010년부터 개방)과 은행업(2014년 7월부터 발효)이 있으며, 이미 설립된 평판 좋고 재정적으로 견실한 외국은행만 진입 가능하며 본국 정부 소유 은행 또는 상장회사일 것을 조건으로 하고 있다. 개정된 은행법에 따르면 외국은행의 지역 은행 소유 범위를 기존 60%에서 100%로 확장했고 이에 필리핀 중앙은행(BSP)은 2014년 11월 발표된 시행규정에 따라 작년 12월부터 외국은행의 신청을 받고 있다.

2016년 1월 필리핀 양원은 대부업(Lending Company), 캐피탈업(Financing Company), 증권투자업(Investment House), 손해사정업(Insurance Adjustment Company)에 대한 외국인 지분 제한을 철폐하는 법안을 통과시켰다.

2016년 6월 공정 경쟁법이 발효됐으며, 특정 제품 및 가격 관련, 경매 및 입찰 관련 담합 금지 등의 내용을 포함한 불공정합의 금지, 경쟁 사업자를 배제하기 위해 제품을 기존 시장 가격보다 부당하게 낮은 가격으로 판매하는 경우나 하청 업체와의 부당한 거래를 방지하기 위한 시장 지배적 지위 남용 금지, 기업 인수합병 시 사전신고 의무화 등을 주요 골자로 하고 있다.

(2) 투자인센티브

필리핀은 현재 복수의 기관(19개)이 외국인투자유치 업무를 맡고 있다. 이 중 경제자유구역청(Philippine Economic Zone Authority, PEZA)과 투자청(Board of Investments, BOI)이 전국을 관할하는 대표 기관이며, 특정 경제특구를 기반으로 하는 수빅만 경제자유구역 청(SBMA), 클락개발공사(CDC)와 함께 4대 투자유치기관으로 꼽히고 있다. 이들 투자유치기관은 모두 자체적으로 신청기업의 투자 건을 심사하고 해당기업을 등록, 관리, 인센티브를 지원하는 업무를 수행한다.

이 중 PEZA는 제조업, IT, 관광, 의료관광, 농업 지원을 위해 특정 지역 또는 기업 자체 소재지를 경제특구로 지정하고 인센티브를 부여한다. 반면 BOI는 프로젝트 베이스로 기업 투자 건을 심사하며, 주로 천연자원, 신재생 에너지, 인프라 사업에 대한 인센티브 심사, 부여업무를 수행한다. BOI와 PEZA는 모두 필리핀 통상산업부(DTI) 산하기관이며, CDC, SBMA는 독립기관 성격을 띤다. 이들 투자유치 기관은 등록 기업에 대한 유사한 인센티브를 부여하고 있다. 대체로 주요 투자인센티브는 조세 감면 위주로 이루어지고 있으며, 그 밖에 토지 장기

임대를 허용해주는 입지지원이 있다. 현금지원은 현재 운영되지 않고 있다.

2021년 4월 11일부터 시행된 CREATE(Corporate Recovery and Tax Incentives for Enterprises) 법은 투자유치에 효율적인 조세정책 시행으로 생산성 향상, 일자리 창출 및 국가 발전을 도모하고 포괄적인 경제성장을 실현하고자 도입되었다. CREATE법은 모든 투자유치기관(IPA)에 적용되며, 각 투자유치기관(IPA)는 CREATE법이 적용되는 항목을 제외하고는 현행 법령에 따라 그 기능을 유지한다. 동 법의 가장 큰 특징은 2020년 7월 1일자로 필리핀 법인(Domestic Corporation), 거주/비거주 외국법인(Foreign Corporation)의 법인세(CIT)율을 기존 30%에서 25%로 낮추고 기업의 사무실, 플랜트, 장비 등이 소재한 토지를 제외한 총자산 1억 페소 이하, 그리고 순 과세 소득 500만 페소 이하인 필리핀 법인 (Domestic Corporation)의 법인세율을 20%로 낮췄다.

CREATE법에 따르면, 인센티브 항목은 1) 소득세 면제 기간 (Income Tax Holiday, ITH) 4~7년 적용, 2) 총소득(Gross Income)의 5%의 요율을 적용하는 특별 법인소득세(SCIT) 5~10년 적용, 또는 비용 추가 공제(직접비로 인식되는 인건비의 50% 추가 공제, R&D(연구 개발비) 100% 추가 공제, 인력 훈련비용 100% 추가 공제 전력 비용 50% 추가공제, 자산에 대한 감가상각 비용 추가 공제 등) 선 택 3) 등록된 프로젝트와 직접적으로 관련된 자본설비, 원/부자재, 부속품 수입에 대한 관세 면제, 4) 등록된 프로젝트와 연관된 수입항목 의 부가세 면제와 현지 구매에 대한 부가가치세 영세율 적용이 있다.

(3) 제한 및 금지(업종)

① LIST A
-헌법 및 법률에 의거 하여 외국인 지분이 제한되는 분야

<외국인 지분 0%: 외국인 지분 보유 불허용>
- Mass Media - (1) recording 업종은 제외 (Art. XVI, Sec. 11 of the Constitution; Presidential Memorandum, 1994.5.4.), (2) internet business 업종 제외(DOJ Opinion No. 40, s.1998)
- 전문직: 엔지니어링, 의사, 회계, 건축, 형사, 화학, 세관중계, 환경설계, 조림업, 지질학, 인테리어디자인, 조경, 법률, 사서, 해양 사무관, 해양 엔지니어, 배관공, 설탕 기술자, 사회사업, 교사, 농부, 어부, 부동산 중개사, 호흡치료사
- 협동조합 Cooperatives (Ch. III, Art. 26 of RA No. 6938, as amended by Ch. II, Art, 10 of RA No. 9520)
- 민간 경호 회사 (Sec. 4 of RA 7076)
- 다도해, 영해, 배타적 경제수역 내 해양자원 이용, 강, 호

수, 만, 석호 내 소규모 천연자원 이용(Art. XII, Sec. 2 of the Constitution)
- 필리핀 전통 수탉 싸움 (Cockfighting)에 대한 소유, 운영, 관리권 (Sec. 5 of PD No. 449)
- 핵무기의 제조, 수리, 비축, 유통(Art. II, Sec. 8 of the Constitution)3
- 생화학/방사능 무기 대인 살상용 지뢰 제조, 수리, 보관, 유통
- 폭죽 및 기타 관련 제품의 제조 (Sec. 5 of RA 7183)

<외국인 지분 25% 이하>
- 국내외 인력 송출업(Art. 27 of PD 442)
- 국방 관련 건설 계약(Sec. 1 of CA 541)

<외국인 지분 30% 이하>
- 광고업(Art. XVI, Sec. 11 of the Constitution)

<외국인 지분 40% 이하>
- RA 7718 내 인프라/개발 프로젝트, 국외 자금조달 또는 지원 통한 국제 경쟁 입찰 프로젝트(Sec. 2(a) of RA No. 7718)를 제외한 국내 자금조달 공공사업 건설 및 보수 계약 (Sec. 2(a) of RA 7718)은 외국인 지분 40% 이하 소유 가능 (Sec. 1 of Commonwealth Act No. 541, Letter of Instruction No. 630)
- 천연자원 탐사, 개발, 활용(Art. XII, Sec. 2 of the Constitution)

- 사유지 소유(Art. XII, Sec. 7 of the Constitution; Ch. 5, Sec. 22 of CA 141; Sec. 4 of RA 9182)
- 공공사업 운영 및 관리(Art. XII, Sec. 11 of the Constitution; Sec. 16 of CA 146)
- 교육기관 소유, 설립, 운영(Art. XIV, Sec. 4 of the Constitution)
- 쌀과 옥수수의 재배, 생산, 도정, 거래(소매 제외) 관련 사업(Sec. 5 of PD 194; Sec. 15 of RA 8762)
- 정부 소유, 국영기업 및 기관에 제품 공급 계약(Sec. 1 of RA 5183)
- 상업용 심해어선 운영(Sec. 27 of RA 8550)
- 콘도 관련 프로젝트 투자 진출 시 콘도 Units에 대한 소유 (Sec. 5 of RA 4726)
- 민간 무선통신 네트워크(Art. XII, Sec. 11 of the Constitution, NTC Memorandum Circular No. 10-8-91)

② LIST B
-안보, 국방, 보건, 윤리, 중소기업 보호 관련 외국인 지분이 제한되는 분야

<외국인 지분 40% 이하>
- 필리핀 국립경찰(PNP, Philippine National Police) 승인을 필요로 하는 관련 제품 및 원자재의 제조, 수리, 보관, 유통 (탄약, 화약류 등) (RA No. 7042 as amended by RA No.

8179)

- 필리핀 국방부(DND, Department of National Defense)의 승인을 필요로 하는 관련 제품의 제조, 수리, 보관, 유통(총포류 등) (RA No. 7042 as amended by RA No. 8179)
- 유해 약물 제조, 유통(RA 7042 as amended by RA 8179)
- 공중보건, 윤리 상 문제로 법의 규제를 받은 사우나, 마사지 클리닉, 기타 유사 업종(단, Wellness centers는 제외)(RA 7042 as amended by RA 8179)
- 대통령 집무실 산하의 게임유흥공사와의 투자 계약이 체결된 것을 제외한 모든 형태의 경마 및 도박 관련 업종(RA 7042 as amended by RA. 8179)

<그 외 내용>
① Negative List에 포함하지 않는 납입자본금 20만 달러 미만인 내수시장기업의 투자 제한(RA 7042 as amended by RA 8179)
② 선진기술을 활용하거나 혹은 직원 50명 이상 직접고용 시 납입자본 10만 달러 미만인 내수시장기업의 투자 제한(RA 7042 as amended by RA 8179).
- 일종의 인센티브 조항으로, 만약 외국투자기업이 선진기술을 가지고 진출하거나, 현지에서 50인 이상의 정규직 직원을 채용하면 최저 납입자본금 여건을 20만 달러에서 10만 달러로 완화해준다는 내용[242]

---

242) Kotra 해외시장뉴스 필리핀 국가정보-필리핀투자환경

2. 유망 아이템과 트렌드

1) 기초화장품[243]

유로모니터에 따르면 2021년 기초화장품 (Make-up, Skin-Care Preparations)의 시장 규모는 전년 대비 4% 증가한 9억 5300만 달러를 기록했다. 기초화장품의 판매량은 2020년 팬데믹 기간 국내 경제의 불확실성으로 비필수 품목 수요가 감소해 하락한 모습을 보였으나, 2021년에는 팬데믹 이전 수준으로 회복하면서 매년 평균 9%대로 성장해 2026년에는 14억 9530만 달러 규모에 이를 것으로 전망된다.

시장 내 종류별 비중으로는 페이셜 케어가 5억 9000만 달러로 가장 큰 비중을 차지하였으며, 이어 바디 케어가 3억4600만 달러, 스킨케어 세트 1330만 달러, 핸드 케어가 340만 달러로 그 뒤를 이었다.

종류	판매량			증감률
	2019	2020	2021	'20/'21
페이셜 케어	607.8	575.2	590.3	2.6
바디 케어	350.8	327.5	346	5.7
핸드 케어	3.6	3.7	3.4	-8.9
스킨케어 세트	6.6	13.5	13.3	-0.9

표 19 최근 3년 간 필리핀 기초화장품 종류별 판매 규모

---

243) 필리핀 기초화장품 시장 동향/ 코트라 해외시장뉴스

2021년 필리핀의 기초화장품 전체 수입 규모는 약 9144만 달러로 전년 대비 약 7% 상승한 모습을 보인다. 2021년 한국산 기초화장품 수입은 약 1430만 달러로 전체 수입국 중 2위를 기록했으며, 최근 3년간 수입 비중을 살펴보면 팬데믹의 영향으로 인한 전체 수입액 변동에도 매년 꾸준히 상승하였음을 확인해볼 수 있다.

정부의 이동 제한 조치 완화와 더불어 주 소비자들의 사무실 복귀 등 야외활동량이 증가하면서 점차 기초화장품에 대한 지출이 증가할 것으로 예상된다. 또한 유로모니터 조사에 따르면 2026년까지 연평균 9%의 필리핀 기초화장품 시장이 지속해서 성장할 것으로 전망된다.

2021년 필리핀은 전 세계에서 소셜미디어(SNS) 사용량이 가장 높은 나라로 선정된 바 있다. 팬데믹을 계기로 더욱 활성화되어 급성장을 이룬 전자상거래 및 온라인 쇼핑 추이를 눈여겨볼 필요가 있으며, 향후 진출 시 다양한 온라인 홍보 채널을 확보해 입지를 다져나가는 것 또한 좋은 전략이 될 수 있을 것으로 생각된다.

2) 중고의류[244]

유로모니터에 따르면 2021년 필리핀 전체 의류 시장 규모는 약 4800억 페소로 코로나19 팬데믹으로 인한 봉쇄, 이동 제한 조치 등으로 침체기를 겪은 2020년 대비 19.4% 대폭 회복한 모습을 보였다. 2022년에는 코로나19 이전 판매량을 넘길 것으로 예상하며 향후 2025년까지 지속적인 성장세를 이어가 판매 규모 8000억 페소를 달성할 수 있을 것으로 전망된다.

온라인 전자상거래 플랫폼들의 유연한 반품 및 환불 정책과 Gcash, Paymaya 등 E-Wallet을 통한 지불 방법 개선 등으로 소비자들의 소비 패턴에 큰 변화를 주어 온라인 중고거래도 활성화되고 있는 것으로 파악된다.

필리핀 소비자 층이 다양한 제품을 합리적인 가격에 구매할 수 있는 중고의류에 관한 관심이 지속되고 있으며, 이를 편리하게 조회해 거래할 수 있는 온라인 전자상거래 플랫폼 또한 생겨나고 있다. 대표적인 필리핀 중고 거래 플랫폼인 Carousell은 2012년 5월에 창립된 싱가포르의 중고제품 거래 플랫폼으로 개인이 의류와 가전 등 다양한 물품을 구매 또는 판매할 수 있으며, 소비자는 홈페이지 내 판매 게시글 확인 후 채팅 등의 방법으로 구매할 수 있다.

---

244) 필리핀 중고의류 시장 동향/ 코트라 해외시장뉴스

최근 한 현지 매체의 중고의류 관련 설문조사에 의하면 필리핀은 동남아 내 중고의류 시장이 가장 큰 국가로 필리핀 소비자의 83%가 중고의류 구매 경험이 있는 것으로 확인됐다.

한편, 필리핀 내 중고의류 수입은 1966년부터 필리핀 수입규제 법 제 4653조 아래 강력하게 금지되고 있다. 규정 위반 시 벌금 또는 징역, 추방에 처할 수 있기 때문에 중고의류 수출입 계획 또는 진행시 반드시 참고할 것을 권장한다.

3) 태양광 패널

필리핀 에너지부(DOE)는 소규모 재생 가능 에너지 발전량(최대 100kW)을 장려하기 위해 풍력, 태양열, 바이오매스 발전에 FIT(feed-in tariff) 제도를 도입했으며, 태양광 발전 규모는 2024년까지 2,224MW에 이를 것으로 예상된다.

화석 연료 수입이 상대적으로 높은 필리핀에서는 태양광 에너지가 대안으로 떠오르고 있으며, 필리핀 국가 재생 에너지 계획(NREP)은 2030년까지 태양광 발전을 통해 약 1,528MW 규모의 전력생산을 목표로 하고 있다. 동 목표 달성을 위해 필리핀 정부는 관련 프로젝트 참가 기업에 대해 이하 인센티브를 제공하고 있다.

1) 최초 7년간 소득세 면제 혜택
2) 필리핀에너지부(DOE) 등록증 발급 후 첫 10년간 신재생에너지 관련 기계·장비·자재 수입에 대한 면세혜택
3) 필리핀 국내 제조자, 제작자, 공급자로부터 구입한 기계, 장비, 소재·부품 등 수입품에 대한 부가가치세 및 관세 100%에 해당하는 세액공제혜택
4) 장비 및 기계류 부동산 세율 인하

※ 위 혜택은 필리핀에너지부(DOE)와 에너지규제위원회(ERC)가 정한 내규에 따른 것으로 재생에너지(RE)법에서 정한 자격요건에 준해야 한다.

필리핀의 태양광 패널 수입액은 '20년 기준 4억 2,303만 달러로 전년 3억 2,165만 달러 대비 31.5% 증가했다. 국가별로는 홍콩 1억 4,762만 달러 미국 1억 1,589만 달러, 중국 1억 1,577만 달러, 싱가포르 1,272만 달러, 일본 1,030만 달러 순으로 수입규모 기준 상위권(1위~5위)을 기록했으며, 대한 수입액은 273만 달러로 전년 대비 129.7% 증가했다.

필리핀의 태양광 패널 HS Code 8541.40 이하 모든 제품은 최혜국대우 관세율(MFN Tariff) 0%, 한-아세안 FTA인 AKFTA 활용 세율 0%로 조회된다. 단, 해당 관세율은 HS Code 품목 분류 상이 시 변동될 수 있다.

필리핀 태양광 시장 진출을 위해서는 사업 규모나 성격상 대

기업의 주도 하에 관련 설비/제품 납품, 기술 제공이 가능한 중견·중소기업 참여 형태가 효과적이다. 과거 사례로 KT는 과거 태양광 에너지 활용 방안과 스마트에너지 솔루션 KT-MEG을 적용하는 방안을 제시한 사례가 있다.

필리핀은 전통적으로 석탄 화력발전소의 발전량이 높았으나, 최근 환경 문제가 대두되면서 신재생에너지를 통한 발전량을 늘려나가는 추세이며, 필리핀 에너지부(DOE)가 신규 화력발전소에 대한 승인을 중단하겠다고 밝혀 향후 태양광 발전량은 더욱 증가할 것으로 전망된다고 밝혔다.

4) 웰빙푸드[245]

필리핀 내에서 '웰빙푸드'에 대한 수요는 꾸준히 증가하고 있다. 필리핀의 GDP 성장률이 증가함에 따라 소비 패턴도 달라지고 있는 것이다. 기존의 소비자들은 '가격'을 가장 중요시했지만 최근에는 '건강'을 중요한 구매요건으로 생각하고 있다. 정보 분석 기관인 넬슨(Nielsen)의 조사에 따르면 필리핀 소비자 전체 응답자 중 97%가 건강을 위해 더 많은 지출을 할 의사가 있다고 답했다.

---

245) 필리핀 웰빙식품 시장 동향/Kotra 필리핀 마닐라 무역관

	2013	2014	2015	2016	2017
대체 식품	4,998.2	5,399.4	5,575.8	5,902.8	6,254.1
기능성 식품	129,757.0	137,450.4	144,143.8	158,081.1	164,989.2
무첨가 식품	1,619.0	1,823.9	2,455.1	2,622.3	2,720.1
건강자연식품	31,756.9	35,109.2	36,300.9	42,395.3	43,387.0
계	168,141.1	179,782.9	188,475.6	209,001.4	217,350.4

표 21 자료원: 유로모니터(단위: 백만 PHP)

이러한 소비 패턴의 변화에는 필리핀 내 웰빙 식품에 대한 인식의 변화도 큰 비중을 차지하고 있다. 과거 필리핀 소비자는 건강한 재료, 예를 들면 과일이나 채소 같은 것이 함유되면 인공첨가제가 함께 들어가 있어도 건강한 제품으로 인식했지만, 최근에는 건강식품의 기준이 점점 더 고급화되었다.

필리핀 소비자들이 즐겨 찾는 제품류는 과일즙이나 과육으로 만든 천연제품, 또는 비타민, 칼슘, 미네랄 등 미량 영양소가 함유된 기능성 제품 등이 있다.

5) 베이비푸드

필리핀의 여성 노동 인구의 증가에 따라 모유 수유 대신 간편한 이유식을 찾는 수요도 증가하고 있다. 따라서 필리핀의 '베이비푸드' 시장도 활성화 되고 있다.

2017년까지 필리핀 유아식시장은 전체 매출액 399억 필리핀 페소(PHP)를 기록하며 전년대비 4% 증가하였고, 2022년까지 연평균 3%의 성장률로 475억 필리핀 페소 이상의 매출을 달성할 전망이다.[246]

구분	2012	2013	2014	2015	2016	2017
건조이유식 (Dried)	797.5	813.5	833.8	865.5	907.1	952.4
조리이유식 (Prepared)	411.0	435.7	461.4	485.8	508.6	529.5
기타 유아식	9.2	9.5	9.8	10.2	10.7	11.2
분유 (Milk Formula)	31,770 .3	32,885 .2	34,241 .4	35,688 .1	37,083 .6	38,415 .5

---

246) 필리핀, 베이비푸드 수요 증가/Kotra 필리핀 마닐라 무역관

-일반분유	7,859.6	8,016.7	8,257.2	8,554.5	8,853.9	9,154.9
-Follow-on 분유	6,917.6	7,021.3	7,161.8	7,376.6	7,590.5	7803.1
-Growing-Up 분유	15,969.6	16,768.1	17,690.3	18,574.9	19,410.7	20,187.2
-스페셜 분유	1,023.6	1,079.0	1,132.1	1,182.1	1,228.4	1,270.4
합계	32,988.1	34,143.8	35,546.4	37,049.6	38,510.0	39,908.7

표 22 자료원: 유로모니터(단위: 백만 PHP)

6) 라면[247]

필리핀에서 '한국 라면'이 인기를 끌면서 그에 따른 라면 시장도 활성화되고 있다. 필리핀에서 한국라면이 이와 같은 인기를 끌고 있는 첫 번째 이유는 먼저 '한류열풍' 때문이다. 한류열풍으로 인하여 필리핀 사람들이 한국 문화에 대한 관심이 매우 많아져서 자연스럽게 한국 음식에 대한 수요도 증가했다.

---

247) 필리핀에서 뜨거운 인기를 얻고 있는 한국 라면/Kotra 필리핀 마닐라 무역관

둘째, 유튜브 내에서 'Korean spicy noodle challenge' 라는 영상이 미국, 유럽부터 유행하듯 번지기 시작하여 필리핀 내 젊은이들 사이에서도 열풍을 일으키고 있기 때문이다. 젊은이들 사이에서는 이것이 하나의 '놀이문화'로 인식되고 있다.

셋째, 필리핀 대표방송 ABS-CBN, GMA에서는 한국 라면 도전 관련 쇼 프로그램을 진행하기도 하는 등 한국 라면이 필리핀에서는 매우 핫한 아이템으로 인식되고 있다.

다음은 필리핀 내의 최근 3개년 라면 판매액에 관한 자료이다.

구분	2015	2016	2017	증감률 ('17/'16)	증감률 ('17/'12)
컵라면	4,750.5	5,233.2	6,018.2	15%	80.3%
봉지라면	22,759.3	24,307.0	25,838.3	6.3%	40.4%

표 23 자료원: 유로모니터 인터네셔널(단위:백만페소)

7) 무한리필 삼겹살

필리핀 내에서 한국식 무한리필 삼겹살 음식점이 큰 인기를 얻고 있다. 필리핀 사람들은 합리적인 가격에 고기를 양껏 먹고, 한국 식문화를 체험할 수 있는 것을 매력으로 느끼고 있다. 현재 필리핀에 진출해 있는 한국식 무한리필 BBQ 레스토랑은 삼겹살라맛 (Samgyupsalamat), 낭만돼지 (Romantic Baboy), 돈데이(Don Day), 소담(Sodam) 등이 있다.

한국식 무한리필 삼겹살 음식점이 큰 인기를 얻을 수 있었던 이유로는 먼저 필리핀 국민들의 높은 돼지고기 소비율 때문이다. 필리핀의 연간 육류 소비량은 2017년 기준 1인당 28.89Kg이며, 이 중 약 49%를 돼지고기가 차지할 정도로 돼지고기 소비율이 높다. 또한 필리핀의 젊은 층의 소비 트렌드는 '경험'을 중시하는 경향이 있는데 한국식 BBQ 레스토랑은 한국드라마에 등장하는 삼겹살과 소주를 야채와 함께 '쌈'을 싸서 먹는 한국식문화를 체험할 수 있어서 이것 또한 매력요소로 작용하고 있다.248)

---

248) 한국식 무한리필 삼겹살 레스토랑, 필리핀에서 인기 고공행진/필리핀 마닐라 무역관

08. 결론

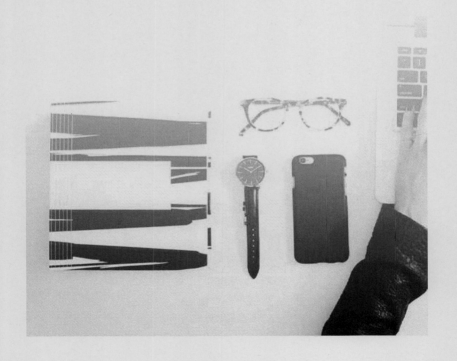

VIII. 결론

필리핀에서 사업을 하기 위해서는 무엇보다 필리핀의 거주환경과 시장의 특성을 정확히 파악할 필요가 있다. 필리핀은 7000여개의 섬으로 이루어져 있어서 이러한 지형의 특성상 지진과 화산이 많이 발생하는 지역이며, 오랜 기간 식민지배가 있었던 역사를 가지고 있기 때문에, 여러 나라에서 들어온 문화가 혼합적으로 존재한다. 언어는 타갈로그어와 영어를 공용어로 사용하며, 종교는 로마 카톨릭이 지배적이다.

필리핀의 거점도시는 수도 마닐라를 중심으로 하여 케손시티, 바기오, 세부, 다바오 등이 있으며 수빅은 경제특별구역으로 지정되었고, 클락은 뉴클락시티 산업으로 활발한 개발이 이루어지고 있는 도시다.

필리핀의 산업 중 활성화되고 있는 분야는 아무래도 관광 국가인 만큼 호텔과 리조트 산업이 활발하며, 인건비가 낮고 영어소통이 가능한 것을 장점으로 하여 아웃소싱의 형태인, BPO산업이 떠오르고 있다.

한편, 필리핀 내에 진출해 있는 한국 산업들은 한류열풍으로 인해 파생된 것들이 주를 이룬다. K뷰티, K푸드, 한국음식과 문화를 체험할 수 있는 한국 프랜차이즈 등이 있으며 건설 및 전력산업에도 한국의 대표적인 기업들이 진출해 있다.

전체적인 필리핀 시장의 특성과 소비성향을 정리하면, 필리핀은 서비스·소비 중심의 시장구조를 형성하고 있고, 제조업 부분은 취약하여 가전제품 및 생활용품 등 다수의 소비재 및 공산품이 완제품 형태로 해외에서 수입되고 있다. 또한 빈부격차가 심해서 소비의 형태가 양극화되어 있다. 따라서 메트로마닐라에 집중되어 있는 대형쇼핑몰과 같은 고가시장과 재래시장과 같은 저가시장으로 명확히 구분된다. 대부분의 소비자들은 가격대비 성능을 기준으로 판단하기 때문에 합리적인 가격의 저가제품이 인기가 높은 편으로 나타나고 있다.

따라서 필리핀에서 사업을 하고자 하는 사람들은 이러한 특징을 반드시 유의하고 분석해야 할 필요가 있다. 또한, 본문에 수록되어 있는 필리핀의 외국인투자법도 참고하시길 바란다.

09. 참고사이트

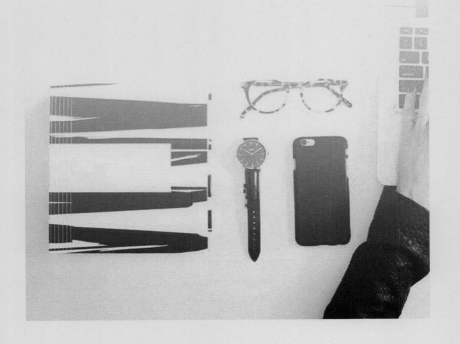

IX. 참고사이트

1) 필리핀/두산백과
2) By NordNordWest
https://commons.wikimedia.org/w/index.php?curid=6867206
3) 필리핀의 지리/위키백과
4) 몬순: 계절풍, 1년 동안 계절에 따라 바뀌는 바람을 말한다.
5) 필리핀의 기후/위키백과
6) 필리핀의 기후/나무위키
7) 필리핀 출장 시 유의 및 참고사항/kotra 국가정보 필리핀
8) Eugene Alvin Villar (seav)
9) 필리핀 통계청 (2020 census of population and housing)
10) 마닐라/두산백과
11) 마닐라/나무위키
12) Mike Gonzalez (TheCoffee)
13) 마카티/두산백과
14) [글로벌-Biz 24] 마닐라 쇼핑 중심지 '마카티' 지하철 건설에 중국 기업 투자/글로벌이코노믹
15) Glenn G from San Francisco, USA - Ayala Museum
16) 마닐라 그린벨트/저스트고 관광지
17) Timothy2170 - Captured photo at opening
18) 마닐라 글로리에타/저스트 고 관광지19)
https://commons.wikimedia.org/w/index.php?curid=304655
20) 케손시티/두산백과
21) 케손시티/위키백과
22) 케손시티/나무위키
23) By Mike Gonzalez (TheCoffee)
https://commons.wikimedia.org/w/index.php?curid=383785

24) 바기오/두산백과

25) 바기오/나무위키

26) By Mike Gonzalez (TheCoffee)
 https://commons.wikimedia.org/w/index.php?curid=246834

27) https://blog.naver.com/withme2010/222075183731

28) 세부/두산백과

29) 세부/위키백과

30) Mike Gonzalez (TheCoffee)

31) 다바오/나무위키

32) 다바오/두산백과

33) 다바오/위키백과

34) Mike Gonzalez (TheCoffee)

35) 일로일로/ 위키백과

36) 일로일로/두산백과

37) 일로일로/나무위키

38) 일로일로 국제공항/두산백과

39) 수비크/세계인문지리사전

40) 수빅만/위키백과

41) 수빅경제특별구역/나무위키

42) Mike Gonzalez (TheCoffee)

43) 바콜로드/위키백과

44) 바콜로드/두산백과

45) Paolobon140 - 자작

46) Mike Gonzalez (TheCoffee)

47) 앙헬레스/두산백과

48) 앙헬레스/나무위키

49) 클락/저스트고 도시별 여행정보

50) New clark city https://www.facebook.com/NewClarkCity/

51) 필리핀의 맨하탄, 뉴클락시티 건설 6조원 투자/엔지니어링 데일리

52) 클락에 부는 부동산 순풍, '뉴클락시티' 개발로 해외 및 국내 투자자 '집중'/중앙일보

53) 타갈로그어/두산백과

54) 필리핀의 언어/위키백과

55) By Howard the Duck
https://commons.wikimedia.org/w/index.php?curid=4307580

56) 필리핀의 인구/위키백과

57) 골드만삭스, 필리핀 2050년에 세계 14위 경제대국으로 성장전망/ 코트라 해외시장뉴스

58) 필리핀의 주민/두산백과

59) By Chongkian
https://commons.wikimedia.org/w/index.php?curid=36728502

60) 필리핀 종교/ 필리핀 관광부

61) 필리핀의 종교/위키백과

62) 필리핀의 문화/두산백과

63) 스페인 정복 이전시대(~1571년)/필리핀 개황 외교부

64) 스페인 식민지 시대(1571년~1898년)/필리핀 개황 외교부

65) 필리핀 도독령/나무위키

66) 미국 식민지 시대(1898년~1946년)필리핀의 역사/필리핀 개황 외교부

67) 필리핀 역사/ 필리핀 관광부

68) 일본의 필리핀 점령 및 독립/필리핀 개황 외교부

69) 필리핀의 기업 경영을 위한 ESG 현황

70) 필리핀의 강력한 관광지 환경보호 대책, 관광산업 위축으로 이어질라/아시아타임즈

71) 필리핀 2022 상반기 경제 동향/ 코트라 해외시장 뉴스

72) 인도는 산업 성장 추진, 필리핀은 에너지 부족 문제 해결 집중/

인더스트리 뉴스

73) 필리핀, 호수에 대규모 태양광발전소 건설/투데이에너지

74) 필리핀 소비자물가, 9년 만에 최고치/연합인포맥스

75) 필리핀 요리/위키백과

76) 필리핀 요리/나무위키

77) 필리핀의 음식/위키백과

78) 발룻/위키백과

79) By BrokenSphere
https://commons.wikimedia.org/w/index.php?curid=3897501

80) 판데살/위키백과

81) By 영어 위키백과의 Albatross2147
https://commons.wikimedia.org/w/index.php?curid=12891396

82) By dbgg1979 on flickr
https://www.flickr.com/photos/dbgg1979/3880492441/
https://commons.wikimedia.org/w/index.php?curid=8746775

83) Ernesto Andrade - originally posted to Flickr as Home
- Dinner

84) 시니강/위키백과

85) 판싯/위키백과

86) 레촌/위키백과

87) 필리핀의 교통/나무위키

88) By TRIKER - TRIKER
https://commons.wikimedia.org/w/index.php?curid=4894642

89) 필리핀도 K팝 열풍…'K팝 커버댄스 페스티벌' 필리핀 본선 열려/서울TV

90) 필리핀 콘텐츠 산업동향/ 한국콘텐츠진흥원

91) 韓-필리핀, K-POP 및 실용음악 교류 발전을 위한 양해각서(MOU) 체결 (공식입장)/탑스타뉴스

92) 한글 패션 만난 K팝 … 한류 새 물꼬 튼다/중앙일보

93) 'Salamat Salamat'…필리핀 울린 모모랜드/TV report

94) 환호하는 필리핀 k-pop 팬들/Newsis

95) 한류 아트와 K-뷰티, 필리핀에 꽃 피운다/머니투데이

96) 한국과 필리핀의 뷰티 크리에이터 콜라보, '케이드레서 랑데부' 성료/독서신문

97) 뷰티, 중국 대신 필리핀으로…'언니왕' 필리핀 진출 사례 '주목'/KNS 뉴스통신

98) K뷰티 필리핀 수출 폭풍 성장/ 뷰티경제

99) 필리핀 진출 위해 '가성비', '마케팅 차별화' 필요/ 뷰티누리

100) 뻗어나가는 k뷰티, 이니스프리 필리핀에 1호 매장/머니투데이

101) 필리핀 진출 위해 '가성비', '마케팅 차별화' 필요/ 뷰티누리

102) 라네즈/나무위키

103) 필리핀에도 'K-뷰티'… 아모레퍼시픽, 라네즈로 '1억 시장' 홀린다/화이트페이퍼

104) 아모레퍼시픽 라네즈, 필리핀 단독매장 오픈/문화저널21

105) 이마트 '노브랜드' 해외 진출… 필리핀에 50개 매장 연다/파이낸셜 뉴스

106) https://blog.naver.com/lifeinphilippines/222853718130

107) HMR/두산백과

108) 필리핀 한류 열풍으로 K-Food, 인기/ AIF

109) 월드푸드가 된 'K-푸드' TOP 12/이코노믹리뷰

110) 신전떡볶이 http://sinjeon.co.kr/doc/menu03.php

111) 2018 대표 한류브랜드 K푸드 부문에 선정된 신전떡볶이 /news1뉴스

112) 필리핀 한류 열풍에 K-FOOD 인기 지속

113) 소울네이처푸드 http://www.sofit.co.kr/main

114) 소울네이처푸드, 필리핀 루이스 맥클린 파 이스트 사와 MOU 체결/금강일보

115) 필리핀 중고교생, 제2외국어로 한국어 배운다/연합뉴스

116) 필리핀 수도권 10개 고교서 한국어 교육…지방으로 확대계획/ 연합뉴스

117) 비상교육, 한국어 교육 플랫폼 'master k' 필리핀 공급 계약 체결/ 비상

118) 커피전문점 커피베이 백진성 대표의 글로벌 창업 전략/매일경 제 MBN

119) 커피베이 필리핀 2호점 오픈! 필리핀 사업 확장 본격화/MNB 프랜차이즈 창업의 모든 것

120) [사람이 답이다] 필리핀서 이뤄낸 '프랜차이즈 성공기'/이코노 믹 리뷰

121) 설빙 https://sulbing.com/main.php

122) 설빙, 필리핀 진출 현지기업과 마스터 프랜차이즈 계약 체결/ 머니투데이

123) 주커피 http://www.zoo-coffee.com/

124) 주(ZOO)커피, 필리핀 진출…프랜차이즈 계약 체결/연합뉴스

125) 본촌 http://www.bonchon.co.kr/

126) VIG파트너스, 치킨·한식 프랜차이즈 본촌인터내셔날 인수/파 이낸셜뉴스

127) 세계 유명호텔 속속 개장, 개발 열풍 부는 필리핀 클락 '더샵 클락힐즈' 주목/헤럴드경제

128) 더샵클락힐즈 http://www.thesharpclarkhills.com/

129) 필리핀 뉴클락시티에 한국기업 참여 대규모 복합단지 개발/ 위키트리 경제

130) 한전, 필리핀 한국기업에 전력 직접공급/문화일보

131) [글로벌-Biz 24]한전, 필리핀 태양광업체 지분 인수/글로벌이 코노믹

132) 한전, 필리핀 신재생에너지 발전사업 첫 물꼬/국토일보

133) '올해 14조 적자' 한국전력, 필리핀 발전소 등 자산매각 검토/

머니투데이

134) 필리핀 기업 TOP 1000 순위/Kotra 해외시장뉴스

135) 자료원: Business world

136) 한진중공업 http://www.hanjinsc.com/

137) 한진중공업 필리핀 수빅조선소, 美 사모펀드, 필리핀 해군에 팔려/ 더 구루

138) 삼성전자, 1분기 동남아 시장 꽉 잡았다 필리핀, 베트남, 태국서 1위/ 아이뉴스24

139) 中리얼미, 오포, 샤오미 비켜!... 삼성전자, 필리핀서 점유율 1위/ 아시아타임즈

140) 롯데칠성, 필리핀 펩시 인수…글로벌시장 공략 가속화/아시아경제

141) 필리핀 자동차 시장에도 한류 바람이 불까/ 한국국제문화교류진흥원

142) LG전자, 상업용 스마트 세탁기 시장 공략 박차 … 필리핀이 거점/ 시사 오늘 시사 in

143) SFA반도체, 필리핀 법인장 신규 선임/ 전자신문

144) '올해 14조 적자' 한국전력, 필리핀 발전소 등 자산매각 검토/ 머니투데이

145) 2018년 필리핀 프랜차이즈 시장 규모, 전년대비 20% 성장 전망/Kotra 필리핀 마닐라 무역관

146) 졸리비/나무위키

147) 졸리비메뉴 https://www.jollibee.com.ph/menu/chicken/

148) 망이나살 https://www.manginasal.com/menu/

149) 게리스 그릴 http://gerrysgrill.com/ph/#menu

150) 차우킹 https://www.chowkingdelivery.com/home

151) 보스커피 https://www.boscoffee.com/

152) 필리핀 프랜차이즈 레스토랑 베스트 9/ 네이버 지식백과

153) Shakey's https://www.shakeyspizza.ph/menu/pasta

154) Mike Gonzalez (TheCoffee)

155) Yellow cab https://www.yellowcabpizza.com/

156) Andok's https://andoks.com.ph/

157) 필리핀 프랜차이즈 레스토랑 베스트 9/ 네이버 지식백과

158) 마닐라호텔 https://manila-hotel.com.ph/

159) 마닐라 호텔/네이버 호텔 정보

160) 샹그릴라 호텔 https://www.shangri-la.com/

161) 마카티 샹그릴라/네이버 호텔 정보

162) 다이아몬드 호텔 https://www.diamondhotel.com/

163) 다이아몬드 호텔/네이버 호텔 정보

164) 뉴월드마닐라베이호텔 https://newworldhotels.com/en/

165) 뉴월드마닐라베이호텔/네이버호텔정보

166) 더페닌슐라마닐라

https://www.peninsula.com/en/manila/5-star-luxury-hotel-makati
167) 더페닌슐라마닐라/저스트고관광지

168) 더페닌슐라마닐라/네이버호텔정보

169) Hyatt Regency Manila, City of Dreams

https://www.hyatt.com/en-US/hotel/philippines/hyatt-regency-mani
la-city-of-dreams/mnlhy
170) 하얏트 시티 오브 드림즈 마닐라/네이버호텔정보

171) 페어몬트 마카티 https://www.fairmont.com/makati/

172) 페어몬트 마카티/네이버호텔정보

173) 팬 퍼시픽 마닐라

 https://www.panpacific.com/en/countries/philippines.html
174) 팬퍼시픽호텔/저스트고 관광지

175) 팬퍼시픽마닐라/네이버호텔정보

176) 마닐라 메리어트 호텔

https://www.marriott.com/hotels/travel/mnlap-manila-marriott-hot
el/

177) 마닐라 메리어트 호텔/네이버호텔정보

178) 아임호텔 https://imhotel.com/

179) 아임호텔/네이버호텔정보

180) Jpark Island Resort

https://www.jparkislandresort.com/cebu/

181) Jpark Island Resort/네이버호텔정보

182) Movenpick Hotel Mactan Island Cebu

https://www.movenpick.com/en/

183) 뫼벤픽 호텔 막탄 아일랜드 세부/네이버호텔정보

184)크림슨 리조트 앤 스파 막탄

https://www.crimsonhotel.com/mactan/

185) 크림슨 리조트 앤 스파 막탄/네이버 호텔 정보

186) ABC Hotel Angeles City https://www.abchotel.ph/

187) ABC Hotel Angeles City/네이버호텔정보

188) Central Park Tower Resort http://www.cpangeles.com/

189) Central Park Tower Resort /네이버호텔정보

190)마르코폴로다바오

https://www.marcopolohotels.com/en/index.html

191) 마르코 폴로 다바오/네이버호텔정보

192) 세다 아브리자 https://abreeza.sedahotels.com/

193) 세다 아브리자/네이버호텔정보

194) Camp John Hay https://campjohnhay.ph/

195) 캠프존헤이/네이버호텔정보

196) Planta Centro Bacolod Hotel & Residences

http://www.bacolodplantahotel.com/

197) 플랜타 센트로 바콜로드 호텔/네이버호텔정보

198) L'Fisher Hotel Bacolod

https://www.lfisherhotelbacolod.com/

199) L'Fisher Hotel Bacolod/네이버호텔정보

200) 2021년 필리핀 BPO 산업 정보/ Kotra 해외시장뉴스

201) BPO/한경 경제용어사전

202) BPO/매일경제, 매경닷컴

203) 필리핀 내 BPO산업/ kotra 필리핀통계청

204) 필리핀 현지 취업, BPO를 아시나요? 영어 잘하는 한국인 채용 수요 많아/아시아타임즈

205) 필리핀 전자상거래 시장 현황/ 코트라 해외시장뉴스

206) 자료원: 유로모니터

207) 푸드판다 https://www.foodpanda.ph/

208) 어니스트비 www.honestbee.ph

209) 마이쿠야 https://www.mykuya.com/

210) Grabexpress www.grab.com.ph

211) Lalamove www.lalamove.com

212) 필리핀, 배달서비스 시장 급성장/리얼푸드

213) 필리핀 기업 TOP 1000 순위/Kotra 해외시장뉴스

214) 자료원: Business world

215) Meralco https://www.meralco.com.ph

216) Petron https://www.petron.com

217) Toyota Motor Philippines www.toyota.com.ph

218) Pilipinas Shell Petroleum Corp https://pilipinas.shell.com.ph/

219) Toshiba Information Equipment, Inc. Facebook

220) https://www.nestle.com.ph/

221) https://www.mercurydrug.com

222) http://www.philippineair.co.kr/ko/

223) 필리핀 항공/위키백과

224)https://www.pmi.com/markets/philippines/en/about-us/overview

225) https://www.globe.com.ph/

226) https://www.bdo.com.ph/

227) https://smart.com.ph/corporate

228) https://pasar.com.ph/

229) https://pldthome.com/

230) www.puregold.com.ph/

231) http://www.sanmiguelbrewery.com.ph/

232) 산미겔맥주/위키백과

233) http://www2.urc.com.ph/

234) https://www.bpiexpressonline.com

235) https://www.zuelligpharma.com

236) 자료원: IMF

237) 필리핀 2022 상반기 경제 동향/ 코트라 해외시장뉴스

238) Kotra 해외시장뉴스 필리핀 국가정보- 필리핀시장특성

239) Kotra 해외시장뉴스 필리핀 국가정보- 필리핀시장특성

240) Kotra 해외시장뉴스 필리핀 국가정보- 필리핀시장특성

241) 2022 국별·권역별 진출전략/ 코트라 해외시장뉴스

242) Kotra 해외시장뉴스 필리핀 국가정보- 필리핀시장특성

243) Kotra 해외시장뉴스 필리핀 국가정보-필리핀투자환경

244) 필리핀 기초화장품 시장 동향/ 코트라 해외시장뉴스

245) 필리핀 중고의류 시장 동향/ 코트라 해외시장뉴스

246) 필리핀 웰빙식품 시장 동향/Kotra 필리핀 마닐라 무역관

247) 필리핀, 베이비푸드 수요 증가/Kotra 필리핀 마닐라 무역관

248) 필리핀에서 뜨거운 인기를 얻고 있는 한국 라면/Kotra 필리핀 마닐라 무역관

249) 한국식 무한리필 삼겹살 레스토랑, 필리핀에서 인기 고공행진 /필리핀 마닐라 무역관

초판 1쇄 인쇄 2019년 2월 22일
초판 1쇄 발행 2019년 3월 04일
개정판 발행 2023년 1월 2일

편저 비티타임즈 편집부
펴낸곳 비티타임즈
발행자번호 959406
주소 전북 전주시 서신동 780-2
대표전화 063 277 3557
팩스 063 277 3558
이메일 bpj3558@naver.com
ISBN 979-11-6345-404-5(13910)
가격 32,000원

이 도서의 국립중앙도서관 출판예정도서목록(CIP)은 서지정보유통지원시스템 홈페이지(http://seoji.nl.go.kr)와 국가자료공동목록시스템(http://www.nl.go.kr/kolisnet)에서 이용하실 수 있습니다.